고난의 신비를 풀다

고난의 신비를 풀다

지은이 | 이규현
초판 발행 | 2025. 2. 26
등록번호 | 제1988-000080호
등록된 곳 | 서울특별시 용산구 서빙고로65길 38 두란노빌딩
발행처 | 사단법인 두란노서원
영업부 | 2078-3333   FAX | 080-749-3705
출판부 | 2078-3331

책 값은 뒤표지에 있습니다.
ISBN 978-89-531-5026-3 03230

독자의 의견을 기다립니다.
tpress@duranno.com   www.duranno.com

두란노서원은 바울 사도가 3차 전도여행 때 에베소에서 성령 받은 제자들을 따로 세워 하나님의 말씀으로 양육하던 장소입니다. 사도행전 19장 8-20절의 정신에 따라 첫째 목회자를 돕는 사역과 평신도를 훈련시키는 사역, 둘째 세계선교(TIM)와 문서선교(단행본·잡지) 사역, 셋째 예수문화 및 경배와 찬양 사역, 그리고 가정·상담 사역 등을 감당하고 있습니다. 1980년 12월 22일에 창립된 두란노서원은 주님 오실 때까지 이 사역들을 계속할 것입니다.

하나님이
완성하시는
큰 그림

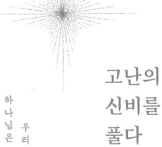

고난의
신비를
풀다

하나님은 고난을 통해

우리 인생을 새롭게 빚으신다

두란노

고난이
해석되기 시작하면
빛이 스며든다

인생에 찾아온 고난 때문에 고군분투하는 이들이 많다. 고난을 겪으면 삶이 흔들린다.

고난은 흔하지만 언제나 낯설다. 고난은 인간의 보편적인 문제이면서 개별적이고 독특하다. 고난의 종류는 헤아릴 수 없을 정도로 많다. 고난은 다면체다. 똑같은 고난은 없다. 가볍게 다룰 고난 또한 없다. 고난은 불가해한 요소를 안고 있다. 어디에서 보느냐에 따라 다르게 해석된다. 고난은 인생을 격랑 속으로 끌어들인다. 고난에 빠지면 한순간 길을 잃는다. 한 치 앞도 보지 못한다.

고난은 혹독하다. 삶을 할퀴고 지나가면 깊은 상처를 남기고 절망의 나락으로 떨어트린다. 짙은 어두움이 삶 전체를 드리운다. "왜 나에게?"라는 질문이 일어난다. 고난의 이유를 알 수 없을 때 고통은 더 커진다. 고난은 불가항력적이다. 피하고 싶지만 피할 수 없다. 무통의 세상은 존재하지 않는다. 누군가 고난을 쉽게 없애는 방법을 알려 주겠다고 약속한다면 사기일 가능성이 높다.

고난은 예기치 않은 순간 갑자기 찾아온다. 찾아온 고난을 어떻게 다룰 것인가? 고난보다 고난을 다루는 태도가 중요하다. 고난에 대응하는 방식에 따라 삶의 방향이 결정된다. 고난에 대한 창조적 반응이 필요하다. 내 힘으로 풀려고 하면 꼬인다. 잘못 다루면 인생이 망가지고 무너진다. 고난은 우리의 통제 밖에서 일어나는 일이다. 값싼 위로를 구하려고 하면 더 절망하게 된다. 고난을 빠르게 통과하려고 하면 안 된다. 고난의 과정을 통해서 충분한 해답을 얻어야 한다.

고난은 신비롭다. 고난 속에 비밀이 있다. 고난이 끝이 아니며, 비극 또한 아니다. 고난을 전부로 보면 안 된다. 고난에는 반전이 기다린다. 더 큰 계획이 숨어 있다. 믿음은 고난에 대한 피해의식에서 벗어나 고난을 해석하도록 도와준다. 해석되기 시작하면 고난은 새로운 국면을 맞는다. 고난의 신비에 눈 뜨기 시작하면 삶의 긍정이 일어난다.

고난은 많은 일을 한다. 고난은 삶의 거대한 변화를 일으킨다. 고난은 새로운 삶으로의 부르심이다. 고난은 하나님께로 더 근접해 가는 기회다. 우리는 고난을 통해 기도를 배운다. 고난은 인간을 영적인 존재로 바꾸어 놓는다. 폭풍 속에서만 들려오는 음성이 있다. 고난은 위로 향하던 시선을 아래로 향하게 한다. 삶의 바닥에서만 보이는 것이 있다. 고난은 시야를 넓혀 준다. 삶의 불순물들을 제거하고 제련시켜 준다. 우리를 겸손하게 만든다. 고통과 상실 속에서 마주한 은혜는 눈물겹도록 아름답다. 고난을 통과해 보면 잃은 것보다 얻은 것이 더 많다. 하나님은 고난을 통해 우리 인생을 새롭게 빚으신다.

고난을 겪는 이들에게 이 책이 조금이라도 도움이 되기를 원하는 마음이 간절하다. 목회를 하다 보면 고난 속에 휩싸여 있는 성도들이 눈에 많이 띈다. 일일이 도울 수 없는 한계를 경험할 때 마음이 아프다. 이 책을 통해서 고난을 통과하는 이가 조금이라도 답을 얻기를 바란다.

우리보다 앞서 고난의 길을 걸었던 믿음의 사람들의 발자취를 더듬어 가다 보면 먹구름 속에 한 가닥 빛이 새어 나오는 것을 본다. 이 책은 고난에 대한 즉답을 하지는 않는다. 그러나 고난의 길을 걷고 있는 이들에게 한 줄기 빛을 보여 줄 것이다. 책을 찬찬히 읽으면서 나도 모르게 영혼이 단단해지는 은혜를 경험하기를 기대한다.

이 책이 나오기까지 수고한 분들에게 감사의 마음을 전한다. 두란노와 섬겨 준 모든 수영로교회의 식구들과 오승영 목사, 그리고 동역의 길을 늘 함께 걸어온 사랑하는 아내에게도 감사의 마음을 전한다.

해운대에서
이규현 목사

content

1부. 숨겨진 축복

2부. 쏟아지는 은혜

PART 1.
숨겨진 축복

1.

인생은
꿈과 함께
시작한다

창세기 37:1-11

¹ 야곱이 가나안 땅 곧 그의 아버지가 거류하던 땅에 거주하였으니 ² 야곱의 족보는 이러하니라 요셉이 십칠 세의 소년으로서 그의 형들과 함께 양을 칠 때에 그의 아버지의 아내들 빌하와 실바의 아들들과 더불어 함께 있었더니 그가 그들의 잘못을 아버지에게 말하더라 ³ 요셉은 노년에 얻은 아들이므로 이스라엘이 여러 아들들보다 그를 더 사랑하므로 그를 위하여 채색옷을 지었더니 ⁴ 그의 형들이 아버지가 형들보다 그를 더 사랑함을 보고 그를 미워하여 그에게 편안하게 말할 수 없었더라 ⁵ 요셉이 꿈을 꾸고 자기 형들에게 말하매 그들이 그를 더욱 미워하였더라 ⁶ 요셉이 그들에게 이르되 청하건대 내가 꾼 꿈을 들으시오 ⁷ 우리가 밭에서 곡식 단을 묶더니 내 단은 일어서고 당신들의 단은 내 단을 둘러서서 절하더이다 ⁸ 그의 형들이 그에게 이르되 네가 참으로 우리의 왕이 되겠느냐 참으로 우리를 다스리게 되겠느냐 하고 그의 꿈과 그의 말로 말미암아 그를 더욱 미워하더니 ⁹ 요셉이 다시 꿈을 꾸고 그의 형들에게 말하여 이르되 내가 또 꿈을 꾼즉 해와 달과 열한 별이 내게 절하더이다 하니라 ¹⁰ 그가 그의 꿈을 아버지와 형들에게 말하매 아버지가 그를 꾸짖고 그에게 이르되 네가 꾼 꿈이 무엇이냐 나와 네 어머니와 네 형들이 참으로 가서 땅에 엎드려 네게 절하겠느냐 ¹¹ 그의 형들은 시기하되 그의 아버지는 그 말을 간직해 두었더라

성경은 하나님에 대해 기록한 책입니다. 그러나 성경에는 사람에 대한 이야기도 많이 기록되어 있습니다. 사람과 관련된 이야기 속에 하나님의 이야기가 들어 있습니다. 그러므로 하나님을 알아야 사람을 이해할 수 있습니다. 사람은 스스로 존재할 수 없기 때문입니다.

창세기 12-50장에는 아브라함, 이삭, 야곱, 그리고 요셉의 이야기가 기록되어 있습니다. 성경은 먼저 믿음의 조상 아브라함에 대하여 말씀합니다. 아브라함이 믿음의 조상이라는 데에 이의를 제기하는 사람은 없습니다. 그리고 이삭의 이야기가 나옵니다. 다른 인물에 비해 이삭에 대해서는 주목할 만한 이야기가 별로 없습니다. 그리고 야곱 이야기입니다. 성경에서 야곱의 이야기는 풍성합니다. 야곱은 실수를 많이 했습니다. 많은 일을 경험했습니다. 야곱 스스로 "험악한 세월을 보냈다"고 고백했을 정도입니다(창 47:9).

그리고 마침내 요셉이 등장합니다. 요셉의 이야기는 창세기 37-50장에 걸쳐 길게 기록되었습니다. 요셉 이야기를 읽어 보면 기가 죽습니다. 그에게서 결점을 찾을 수 없기 때문입니다. 요셉은 자신의 형들에 의해 애굽에 노예로 팔려 가서 온갖 고생을 하다가 애굽의 총리가 되었습니다. 요셉은 한마디로 입지전적(立志傳的) 인물입니다. 그래서 그를 선망하는 사람이 많습니다.

그러나 우리는 요셉이라는 한 인물에 대해 살펴보려는 것이 아닙니다. 성경 인물 가운데 위대한 사람은 없습니다. 그들 모두 우리와 비슷합니다. 그러므로 성경을 읽으며 하나님께 관심을 가져야 합니다. 인물에게 주목하기보다는 하나님이 어떻게 역사하시는가, 하나님이 무슨 일을 하시는가를 살펴보아야 합니다. 따라서 우리는 요셉의 삶 속에서 하나님이 어떻게 역사하셨는가를 살펴보려고 합니다. 그러나 창세기 37-50장에 기록된 요셉의 이야기에 하나님이 직접 등장하시지는 않습니다. 하나님은 마치 숨은그림처럼 요셉의 삶 가운데 숨어 계십니다. 자세히 살펴보지 않으면, 하나님을 찾을 수 없습니다.

야곱, 왜곡된 사랑을 하다

요셉의 이야기는 소설 같습니다. 영화로 제작해도 될 만큼 이야깃거리가 많습니다. 거기다 요셉의 개인사와 가정사를 살펴보면 음모와 배신, 거짓과 폭력, 질투, 사랑과 증오가 뒤섞여 있는 것을 발견할 수 있습니다. 노벨문학상을 수상한 작가 토마스 만(Thomas Mann)은 요셉의 이야기를 소재로 장편 소설《요셉과 그 형제들》(Joseph und seine bruder)을 썼습니다. 500-600페이지 분량의 책이 총 여섯 권입니다. 그만큼 요셉의 삶 속에는 수많은 이야기가 있습니다.

요셉의 삶 속에 일어난 많은 일은 마치 퍼즐 조각과 같습니다. 퍼즐 조각 하나만 보면, 그것이 무엇을 의미하는지 알 수 없습니다. 이와 마찬가지로 요셉의 삶 속에 일어난 일 하나하나를 보면, 그 일이 왜 일어났는지 알 수 없습니다. 한 사람에 대해 살펴보려면, 먼저 가족사를 살펴보아야 합니다. 가정의 문화, 분위기, 부모의 성격, 자녀 교육 방식 등을 살펴보아야 그 사람에 대해 제대로 알 수 있습니다. 요셉에 대해 살펴보려면, 아버지 야곱을 살펴보아야 합니다.

야곱은 형 에서를 피해 외삼촌 라반의 집으로 가서 살았습니다. 그곳에서 레아와 라헬을 아내로 얻었습니다. 야곱은 레아보다 라헬을 사랑했습니다. 그러나 라반의 속임수 때문에 야곱은 먼저 레아를 아내로 맞이했습니다. 그리고 7일 동안 더 일하여 라헬도 아내로 맞이했습니다. 야곱은 아내 두 명, 아내의 여종 두 명을 통해 아들 열두 명과 딸 한 명을 낳았습니다. 아내가 네 명, 자녀가 열세 명입니다. 그러니 복잡하고 어려운 일이 많았을 것입니다. 야곱의 가정은 역기능 가정이었습니다. 요셉은 이 가정에서 자랐습니다.

거기다 야곱은 자녀를 양육하는 데 미숙합니다. 창세기 37장 3절에 보면, "요셉은 노년에 얻은 아들이므로 이스라엘이 여러 아들들보다 그를 더 사랑하므로 그를 위하여 채색옷을 지었더니"라고 기록하고 있습니다. 당시에 채색옷은 아무나 입는 옷이 아니었습니다. 여러 가지 색깔의 실로 짜서 만든 옷으로, 왕족이 입는 옷이었습니다. 이 옷은 소매가 발목까지 길게 내려왔습니다. 그러니 채색옷을 입고는 일을 할 수 없었습니다. 한마디로 요셉은 형들이 일하는 동안 일도 안 하고 아버지 곁에 있었다는 말입니다. 야곱이 요셉을 편애했다는 걸 알 수 있습니다. 요셉은 야곱이 노년에 사랑하는 라헬에게서 얻은 아들입니다. 그래서 야곱은 요셉을 여러 아들들보다 더 사랑했습니다. 이렇게 채색옷을 입고 특권의식을 갖고 자란 경험은 요셉에게 장점이 아니라 단점이 될 수 있습니다. 이 모든 것이 요셉에게 좋지 않은 영향을 끼쳤을 것입니다.

야곱은 고향으로 돌아가던 길에 에서가 4백 명의 장정을 거느리고 자기가 있는 곳으로 오는 것을 보았을 때도 라헬과 요셉은 제일 뒤에 두었습니다(창 33:1-2). 이것 또한 편애에서 나온 것입니다. 야곱이 요셉을 편애한 것이 하루 이틀 일이 아니었음을 알 수 있습니다.

편애는 이기적 사랑입니다. 그런데 야곱의 편애는 대물림인 듯합니다. 야곱의 어머니 리브가는 형 에서보다 야곱을 더 사랑했습니다. 그리고 야곱의 아버지 이삭은 에서를 더 사랑했습니다. 이처럼 상처는 또 다른 상처를 낳습니다.

야곱은 자신이 요셉을 편애하는 것을 대수롭지 않게 생각했을 것입니다. 야곱은 왜곡된 방법으로 사랑을 표현하고서도 전혀 의식하지 못했습니다. 그러나 요셉의 형들은 이것을 아무렇지 않게 여길 수 없었습니다. 야곱의 왜곡된 사랑이 형들에게 상처가 되었습니다.

그의 형들이 아버지가 형들보다 그를 더 사랑함을 보고 그를 미워하여 그에게 편안하게 말할 수 없었더라 창 37:4

야곱이 요셉을 사랑한 것은 좋지만, 표현하는 방법이 지혜롭지 못했습니다. 야곱은 자신이 다른 아들들보다 요셉을 더 사랑한 것 때문에 요셉이 형들에게 미움받을 것이라고 생각하지 못했습니다.

야곱은 자기애가 매우 강한 사람이었습니다. 야곱이 요셉을 편애한 것은 그의 자기애에서 비롯된 것입니다. 이처럼 자신을 건강하게 사랑하는 법을 배우지 못한 사람은 다른 사람도 건강하지 않은 방식으로 사랑합니다. 왜곡된 방법으로 사랑합니다.

요셉, 꿈을 말하다

요셉은 형들에게 "청하건대 내가 꾼 꿈을 들으시오 우리가 밭에서 곡식 단을 묶더니 내 단은 일어서고 당신들의 단은 내 단을 둘러서서 절하더이다"(창 37:6-7)라고 말했습니다. 요셉은 엄청난 꿈을 꾸었습니다. 요셉은 자신이 꾼 꿈을 아버지와 형들에게 말했습니다. 꿈에 요셉과 형들이 밭에서 곡식 단을 묶었습니다. 그런데 요셉의 곡식 단은 꼿꼿하게 서 있고, 형들의 곡식 단이 요셉의 곡식 단을 둘러서서 절했습니다. 여기서 요셉의 미래가 보이는 듯합니다. 후에 요셉은 정말로 권위가 담긴 채색옷을 입는 자리에 이릅니다. 그러나 요셉의 이야기를 처음 접하는 사람들은 그것을 알 수 없습니다.

그리고 요셉은 또 꿈을 꾸었습니다. 요셉은 형들에게 "내가 또 꿈을 꾼즉 해와 달과 열한 별이 내게 절하더이다"라고 말했습니다(창 37:9). 이 이야기를 들은 형들은 요셉을 시기했습니다. 형들은 요셉의 이복형입니다. 그들은 이미 아버지의 편애 때문에 요셉을 눈엣가시로 여겼습니다. 그런데 요셉이 꿈 이야기를 한 후, 형들은 요셉을 더욱 미워했습니다. 채색옷을 입은 것만으로도 밉상이었는데, 꿈 이야기로 요셉은 형들에게 미운털이 확실하게 박혔습니다.

> [10] 그가 그의 꿈을 아버지와 형들에게 말하매 아버지가 그를 꾸짖고 그에게 이르되 네가 꾼 꿈이 무엇이냐 나와 네 어머니와 네 형들이 참으로 가서 땅에 엎드려 네게 절하겠느냐 [11] 그의 형들은 시기하되 그의 아버지는 그 말을 간직해 두었더라 창 37:10-11

요셉의 태도에도 문제가 있는 듯합니다. 요셉의 꿈은 언뜻

듣기에도 아버지와 형들이 자신에게 절한다는 의미입니다. 그 이야기를 듣고 누가 좋아하겠습니까? 이런 꿈은 혼자 간직하는 것이 옳습니다. 이야기하더라도 좀 더 지혜롭게 말해야 합니다. 솔직하게 말하는 것과 지혜롭게 말하는 것은 다릅니다. 물론 요셉의 나이가 어렸기 때문에 성숙한 태도를 기대할 수 없습니다. 그는 어린 나이에 상상할 수도 없는 꿈을 꾸었습니다. 그렇더라도 요셉이 형들에게 자신의 꿈을 이야기한 것은 실수입니다. 이처럼 성경은 요셉 이야기의 도입부에서 그의 연약한 모습을 보여 줍니다.

일반적으로 전기(傳記)를 보면, 그 사람을 미화하려는 경향이 있습니다. 이야기의 흥미를 더하기 위해 의도적으로 미화합니다. 그러나 성경에 기록된 인물의 이야기는 다릅니다. 요셉의 이야기는 영웅전(英雄傳)이 아닙니다. 이 말은 하나님이 사용하시는 사람은 특별한 사람이 아니라는 사실을 깨닫게 합니다. 하나님은 평범한 사람을 사용하십니다. 세상에 위대한 인생은 없습니다. 하나님이 쓰시기 때문에 특별한 사람, 위대한 사람이 되는 것입니다. 사람의 상태와 조건은 중요하지 않습니다. 하나님이 쓰시는 것으로 충분합니다.

처음부터 완벽한 사람은 없습니다. 하나님은 부족하고 연약한 사람을 부르십니다. 하나님은 불완전한 사람을 부르셔서 쓰시기에 합당하게 다듬으십니다. 요셉이 그렇습니다. 요셉은 철

없이 행동해서 형들의 미움을 삽니다. 하나님은 요셉에게 놀라운 꿈을 꾸게 하셨지만, 그 꿈을 이루기에 요셉은 아직 부족합니다. 그러나 하나님은 준비되지 않은 사람도 사용하십니다. 오히려 스스로 잘 준비하는 사람은 하나님이 사용하시기 어려울 수 있습니다. 성경을 통해 그것을 알 수 있습니다. 우리의 부족함을 하나님이 채워 주십니다. 그러므로 하나님의 도움이 필요 없는 사람은 없습니다.

우리 중 나는 하나님이 사용하시기에 충분하다고 자신 있게 말할 수 있는 사람이 있을까요? 우리도 요셉과 마찬가지로 약점이 있습니다. 내면에 아픔과 상처가 많습니다. 그러나 하나님은 우리의 내면에 있는 아픔과 상처마저도 사용하십니다. 하나님은 우리를 아름답게 다듬으셔서 하나님의 일에 사용하십니다.

미움이 불러온 파국

요셉은 자신이 꾼 꿈을 형들에게 이야기했을 뿐입니다. 그러나 꿈 이야기를 들은 형들은 화가 났습니다. 요셉을 더욱 미워했습니다. 요셉의 형들이 요셉을 미워한 것은 요셉 이야기의 전개에 매우 중요합니다. 우리는 형들이 요셉을 미워했기 때문에 앞으로 그의 삶에 무슨 일이 일어날 것인가를 주목해야 합니다.

미움과 분노는 비극을 초래할 때가 많습니다. 누군가를 미워한다는 것은 정말 무서운 일입니다. 창세기 4장에 보면, 가인은 하나님이 자기가 드린 제사는 받지 않으시고, 아벨이 드린 제사는 받으셔서 분노합니다. 이 일로 가인이 아벨을 쳐 죽입니다. 미움의 감정을 대수롭지 않게 생각해서는 안 됩니다. 특히 가족 관계 속에서 미움의 감정을 느끼는 경우는 매우 위험합니다. 요셉의 형들이 가진 미움의 감정은 언제 폭발할지 알 수 없습니다. 그러므로 요셉의 이야기에서 일촉즉발의 위기감을 만듭니다. 만약 형들이 요셉의 꿈을 축하해 주고 그를 응원해 주었다면 얼마나 좋았을까요. 그런데 형들은 요셉의 이야기를 긍정적으로 받아들이지 않았습니다.

우리가 시기심을 갖는 것은 사람에게 있는 죄성 때문입니다. 요셉과 형들은 이해와 사랑을 기대할 수 없는 관계였습니다.

어떤 꿈을 꾸는가

요셉은 '꿈꾸는 자'입니다. 요셉의 꿈은 요셉 이야기의 핵심입니다. 만약 요셉이 꿈을 꾸지 않았다면, 그의 이야기가 성경에 기록되지 않았을 것입니다. 나아가 우리는 요셉의 꿈을 통해 요셉의 인생을 해석할 수 있습니다. 하나님은 요셉의 꿈을 통해 요셉을 이끌어 가십니다.

우리가 각자 스스로 품는 꿈이 있습니다. 자신으로부터 시작되는 꿈입니다. 내가 스스로 품는 꿈은 대부분 야망에서 비롯된 것입니다. 반면에 하나님이 주시는 꿈이 있습니다. 요셉의 꿈이 그렇습니다. 요셉에게 꿈을 주신 분은 하나님입니다. 하나님이 요셉에게 꿈을 꾸게 하셨습니다. 꿈의 주체는 요셉이 아니라 하나님이었습니다. 그 꿈에는 하나님의 계획이 들어 있습니다. 그러므로 요셉의 꿈은 하나님이 책임지십니다. 내가 가고 싶은 길을 가는 것과 하나님이 가라고 하신 길을 가는 것은 다릅니다.

사람들은 내가 내 삶을 주도한다고 생각합니다. '내 인생의 주인은 나'라고 생각합니다. 정말 그럴까요? 내가 내 삶의 주인이라면, 내가 내 삶을 주도한다면, 삶이 내가 원하는 대로 되어야 합니다. 그러나 삶은 내가 원하는 대로, 내가 계획하는 대로 되지 않습니다. 사람들은 자신이 원하는 대로 되지 않는 것을 실패라고 생각하고, 원하는 대로 되는 것을 성공이라고 생각합니다. 그것이 정말 성공과 실패의 기준이 맞습니까? 요셉의 삶은 자신이 계획한 대로 되지 않았습니다. 그러나 성경에서는 요셉을 가리켜 '형통한 자'라고 했습니다(창 39:2). 자신이 원하는 대로 사는 사람은 없습니다. 그러므로 우리는 삶의 주인이 아닙니다. 삶의 주인은 따로 있습니다.

우리는 하나님이 원하시는 일, 하나님이 보시기에 선한 일을 하려고 합니다. 그런데 그 일을 하나님이 가로막으실 때가 있습니다. 때로는 원하던 곳과 전혀 다른 곳으로 우리를 이끄십니다. 우리가 꾸는 꿈과 하나님이 주시는 꿈이 일치하지 않기 때문입니다. 사도 바울이 그것을 경험했습니다. 바울은 가고자 한 곳이 있었습니다. 그런데 하나님이 그가 가는 길을 막으시고 다른 곳으로 인도하셨습니다. 하려던 일이 가로막힐 때, 꿈꾼 것이 이루어지지 않아 좌절할 때 우리는 스스로 질문해야 합니다. 이 꿈이 내 욕망에서 비롯된 것인지, 하나님이 주신 것인지 말입니다. 과연 이 꿈은 누구의 꿈입니까? 내 욕심에서 비롯된 야망은 이루어지지 않습니다.

요셉의 형들은 요셉의 꿈이 어디에서 비롯된 것인지는 관심이 없었습니다. 다만 꿈의 내용 때문에 형들은 요셉을 더 미워했습니다. 그러나 아버지 야곱은 달랐습니다. 야곱은 요셉의 말에 긍정하지도, 부정하지도 않았습니다. 다만 야곱은 요셉의 말을 마음에 간직해 두었습니다(창 37:11).

사람들은 자신이 품은 꿈을 이루기 위해 노력합니다. 그러나 이루지 못하는 경우가 많습니다. 꿈꾸었던 것이 이루어지지 않을 때, 우리는 좌절을 경험합니다. 고통을 느낍니다. 이루어지더라도 그 결과가 선할지 악할지는 알 수 없습니다. 그 꿈의 결과는 자신이 책임져야 합니다.

그런데 하나님이 주신 꿈도 어떻게 이루어질지 알 수 없어

좌절할 때가 있습니다. 기도해도 하나님이 알려 주지 않으십니다. 이때 우리는 무엇을 해야 합니까? 꿈을 이루기 위해 현실 가운데서 열심히 노력해야 합니다. 이것이 꿈을 이루는 과정입니다. 과정 없이 꿈을 이룰 수는 없습니다. 그러므로 내가 지금 꾸는 꿈이 어디에서 시작되었는가를 생각하고 분석해 보아야 합니다.

> 여호와께서 이르시되 네 아들 네 사랑하는 독자 이삭을 데리고 모리아 땅으로 가서 내가 네게 일러 준 한 산 거기서 그를 번제로 드리라
> 창 22:2

아브라함은 하나님의 말씀에 순종했습니다. 아브라함은 하나님이 일러 주신 곳에 이삭을 데리고 가서 이삭을 제단 나무 위에 올려놓았습니다. 그때 하나님이 아브라함을 부르십니다. 하나님은 아브라함에게 "네가 네 아들 네 독자까지도 내게 아끼지 아니하였으니 내가 이제야 네가 하나님을 경외하는 줄을 아노라"고 말씀하셨습니다(창 22:12). 하나님이 아브라함의 속을 모르다가 이제야 아셨다는 의미가 아닙니다. 하나님은 전지(全知)하십니다.

다만 독자 이삭을 바치는, 힘들고 아픈 과정이 아브라함에게 필요했습니다. 현실을 경험하지 않고 꿈을 이룰 수는 없습니다. 꿈을 이루려면, 현실을 경험해야 합니다. 꿈을 이루는 과정

을 통해 경험하는 것이 있습니다.

하나님의 섭리를 깨달으라

이제 우리는 요셉의 생애를 살펴보려고 합니다. 요셉의 생애 가운데 나타난 하나님의 역사와 그에 대한 요셉의 반응을 통해 우리가 배우는 것이 있을 것입니다.

요셉의 생애를 살펴보는 가운데 고난에 대한 답을 찾을 수는 없습니다. 고난에 대해 이렇다 저렇다 단정하는 것은 매우 위험합니다. 자칫하면 욥의 친구처럼 될 수 있습니다. 요셉의 이야기를 살펴보는 가운데 성령께서 들려주시는 말씀이 있을 것입니다. 그 말씀에 귀 기울이기 바랍니다.

요셉 이야기는 진행될수록 긴장이 고조될 것입니다. 요셉의 꿈이 미래에 어떻게 이루어질지 지금은 알 수 없습니다. 요셉에게 꿈을 꾸게 하신 하나님이 그의 삶에 무슨 일을 하실지 지금은 아무도 모릅니다. 그러나 요셉의 꿈을 하나님이 꾸게 하신 것만은 분명합니다.

요셉의 이야기에서 중요한 것은 요셉이 꿈을 성취할 것인가가 아닙니다. 우리는 요셉의 삶 속에 역사하신 하나님을 주목해야 합니다. 요셉의 삶 속에서 하나님의 뜻이 어떻게 이루어지는가를 살펴보아야 합니다. 하나님이 완성하시는 큰 그림을 보아야 합니다. 그때 고난 가운데서도 흔들리지 않을 수 있습니다. 우연은 없습니다. 고난은 힘들지만 그 과정을 통해 하나님을 알아 가고 그분의 섭리와 뜻을 깨달을 때 우리의 믿음이 성장할 것입니다.

2.

꿈은 고난을
예고한다

¹⁸요셉이 그들에게 가까이 오기 전에 그들이 요셉을 멀리서 보고 죽이기를 꾀하여 ¹⁹서로 이르되 꿈 꾸는 자가 오는도다 ²⁰자, 그를 죽여 한 구덩이에 던지고 우리가 말하기를 악한 짐승이 그를 잡아먹었다 하자 그의 꿈이 어떻게 되는지를 우리가 볼 것이니라 하는지라 ²¹르우벤이 듣고 요셉을 그들의 손에서 구원하려 하여 이르되 우리가 그의 생명은 해치지 말자 ²²르우벤이 또 그들에게 이르되 피를 흘리지 말라 그를 광야 그 구덩이에 던지고 손을 그에게 대지 말라 하니 이는 그가 요셉을 그들의 손에서 구출하여 그의 아버지에게로 돌려보내려 함이었더라 ²³요셉이 형들에게 이르매 그의 형들이 요셉의 옷 곧 그가 입은 채색옷을 벗기고 ²⁴그를 잡아 구덩이에 던지니 그 구덩이는 빈 것이라 그 속에 물이 없었더라 ²⁵그들이 앉아 음식을 먹다가 눈을 들어 본즉 한 무리의 이스마엘 사람들이 길르앗에서 오는데 그 낙타들에 향품과 유향과 몰약을 싣고 애굽으로 내려가는지라 ²⁶유다가 자기 형제에게 이르되 우리가 우리 동생을 죽이고 그의 피를 덮어둔들 무엇이 유익할까 ²⁷자 그를 이스마엘 사람들에게 팔고 그에게 우리 손을 대지 말자 그는 우리의 동생이요 우리의 혈육이니라 하매 그의 형제들이 청종하였더라 ²⁸그때에 미디안 사람 상인들이 지나가고 있는지라 형들이 요셉을 구덩이에서 끌어올리고 은 이십에 그를 이스마엘 사람들에게 팔매 그 상인들이 요셉을 데리고 애굽으로 갔더라

고난을 겪는 사람은 '왜 나에게 이런 일이 일어났는가'라고 생각합니다. 그러나 고난은 삶의 일부입니다. 누구나 고난을 겪습니다. 하나의 고난이 끝나면, 또 다른 고난이 옵니다. 고난을 바라는 사람은 없습니다. 그러나 고난의 유익이 있습니다.

꿈꾸는 자에게 닥친 시련

야곱은 요셉에게 심부름을 시켰습니다. 양 떼를 치고 있는 형들과 양 떼가 잘 있는지 확인하고 오라고 했습니다. 형들은 요셉이 오는 것을 멀리서 보았습니다. 요셉이 다가오는 것을 발견한 형들은 요셉을 죽이려고 계획했습니다(창 37:18). 그러면서 그들은 서로 말합니다.

서로 이르되 꿈 꾸는 자가 오는도다 창 37:19

형들은 요셉을 가리켜 '꿈 꾸는 자'라고 했습니다. 요셉을 향한 비아냥입니다. 이를 통해 요셉의 꿈 때문에 형들이 아직도 화가 나 있다는 것을 알 수 있습니다.

급기야 형들은 요셉을 죽이고 아버지께는 악한 짐승이 잡아먹었다고 거짓말하자고 했습니다. 이때 르우벤이 나섰습니다. 르우벤은 요셉을 죽이지 말고 구덩이에 던져 넣자고 했습니다.

형제들이 요셉을 구덩이에 던져 넣으면 나중에 와서 구해 줄 생각이었던 것입니다(창 37:22).

형제들은 르우벤의 제안을 받아들였습니다. 마침내 요셉이 형들 있는 곳까지 왔고, 형들은 그의 채색옷을 벗기고 구덩이에 던져 넣었습니다. 당시 이 지역에는 우기에 물을 담아 두려고 파 놓은 구덩이가 많았습니다. 입구는 좁고 안은 굉장히 넓어 물을 많이 저장할 수 있었습니다. 우기가 아닌 때에는 구덩이가 비어 있었습니다. 그래서 자칫 구덩이에 빠지는 일이 있었는데, 이때 밖에서 누군가 건져 주지 않으면 나올 수 없었습니다.

요셉은 빈 구덩이에 던져졌습니다. 그는 형들에게 버림받았습니다. 구덩이 안은 캄캄했습니다. 아무도 없었습니다. 이때 요셉의 마음이 어떠했을까요? 요셉은 '이제 모든 것이 끝났구나'라고 생각했을 것입니다. 어쩌면 아버지의 얼굴을 다시 볼 수 없을지도 모릅니다. 그래서 요셉은 극도의 공포를 느끼고 통곡했을 것입니다. 살려 달라고 부르짖었을 것입니다.

형들은 요셉을 구덩이에 던져 넣고 앉아 음식을 먹었습니다. 그때 이스마엘 사람의 무리가 지나가는 것을 보았습니다. 그들은 애굽으로 가는 무역상이었습니다. 형들 중 유다가 "우리가 우리 동생을 죽이고 그의 피를 덮어둔들 무엇이 유익할까 자 그를 이스마엘 사람들에게 팔고 그에게 우리 손을 대지 말자"라고 제안했습니다(창 37:26-27). 형들은 유다의 제안에 동의했습니다.

요셉의 형들은 요셉을 구덩이에서 끌어올렸습니다. 이때 요셉은 형들이 자신을 살려 주려는 줄 알았을 것입니다. 그러나 그렇지 않았습니다. 형들은 은 이십에 요셉을 이스마엘 사람들에게 팔았습니다. 무서운 형들입니다. 가족 관계 속에서 악을 발견합니다. 동생을 죽이려고 하고, 돈을 받고 동생을 팔아 버리다니, 어떻게 사람이 이렇게 악해질 수 있을까요?

요셉은 구덩이에서 끌어올려졌지만 다시 노예로 팔렸습니다. 내리막길에서 올라가는 듯하다가 더 깊은 곳으로 추락했습니다. 요셉은 꿈꾸는 자였습니다. 꿈은 가슴을 뛰게 합니다. 놀라운 꿈을 꾼 요셉은 가슴이 뛰었을 것입니다. 그런데 꿈과는 전혀 다른 상황을 맞았습니다. 요셉의 꿈은 산산조각 났습니다. 모든 것이 끝난 듯합니다.

꿈의 성취보다 중요한 성숙

이스마엘 사람들은 요셉을 데리고 애굽으로 갔습니다. 이제 요셉은 사랑하는 아버지의 집으로 돌아갈 수 없게 되었습니다. 이것은 17세의 소년 요셉이 감당하기 힘든 고통이었습니다.

꿈은 미래입니다. 꿈을 가졌다고 해서 그 꿈이 모두 이루어지는 것은 아닙니다. 꿈은 쉽게 이루어지지 않고, 언제 이루어질지 아무도 알 수 없습니다. 꿈이 이루어지려면, 시간이 필요합니다. 꿈이 쉽게 이루어진다면 꿈이 아닐 수 있습니다. 꿈을 가진 사람은 기다려야 합니다.

그런데 오늘날 조급한 사람이 많습니다. 왜 그렇습니까? 무엇이든 빨리 이루기를 원하기 때문입니다. 사람들은 빨리 성공하고 싶어 합니다. 그러나 빨리 성공하는 것은 복이 아닙니다. 그것만큼 무서운 일이 없습니다. 빠른 성공이 오히려 인생의 독이 될 수 있습니다. 꿈을 꾸는 것보다 중요한 것은 꿈을 성취해 가는 과정입니다. 무엇이든 이루려면 시간이 필요합니다.

하나님은 우리의 기도에 언제든지 응답하십니다. 그러므로 기도하는 사람은 하나님의 응답을 기다려야 합니다. 응답받을 준비가 되어 있어야 합니다. 중요한 것은 하나님의 응답을 받는 우리의 마음입니다.

하나님은 우리를 잘 아십니다. 그런데 우리는 자신을 모릅니다. 나보다 나를 더 잘 아시는 하나님은 하나님의 때에 응답하십니다. 꿈을 주신 하나님이 그 꿈을 이루십니다. 그러나 즉시 이루어 주시지는 않습니다. 하나님은 하나님의 때에 꿈을 이루십니다. 우리는 하나님이 꿈을 이루시는 때를 기다려야 합니다.

하나님은 시간을 통해 일하십니다. 그러나 하나님의 때를 기다리는 것은 쉽지 않습니다. 때로는 기다리는 시간이 길어질 수도 있습니다. 그러면 마음이 힘들어집니다. 그래서 우리가 하나님의 때를 조정하려고 합니다. 그러나 우리는 하나님의 때를 움직일 수 없습니다. 하나님의 때가 있다는 사실을 거부해서도 안 됩니다. 우리는 하나님의 때를 받아들여야 합니다. 하나님의 때를 기다리는 동안 우리의 꿈이 익어 갑니다.

꿈이 이루어지는 것도 중요하지만, 그 과정이 더 중요합니다. 꿈이 이루어지는 과정을 통해 나의 존재가 변화하기 때문입니다. 내가 변화하지 않고 성숙하지 않았는데, 꿈이 이루어지는 것은 의미가 없습니다. 시간을 통해 나의 존재가 변화됩니다. 예수 그리스도를 닮아 갑니다. 이보다 중요한 것은 없습니다.

오늘날 한국 교회는 과업 중심입니다. 일을 잘하는 사람은 많습니다. 그런데 그리스도를 닮은 사람은 적습니다. 과업 중심으로 신앙생활 하다 보면 내가 누구인지를 알지 못합니다. 내 안에 숨어 있는 죄를 보지 못합니다. 그런 상태에서는 열심히 할수록 자기 의에 몰두합니다. 일은 열심히 하지만, 건강한 신앙생활을 할 수 없습니다. 십자가를 중요하게 생각하지 않게 됩니다. 십자가가 필요 없다고 생각합니다. 이렇게 되면 매우 위험합니다. 목표를 달성하는 것은 중요하지 않습니다. 우리는 시간을 들여 충분히 단련되어야 합니다. 그러려면 어느 정도의 시간이 필요합니다. 기다리는 시간은 고통스럽습니다. 그렇다고 기다리는 시간을 무시하면 졸작이 됩니다. 명작을 기대할 수 없습니다.

시련의 때 하나님이 일하고 계시다

물체가 움직일 때, 바람의 저항을 받습니다. 움직이지 않고 가만히 있으면, 아무런 일도 일어나지 않습니다. 이와 마찬가지로, 고난을 경험할 때 삶이 시작됩니다. 그러므로 삶에 고난이 없다면, 아무 일도 시작되지 않은 것입니다.

요셉은 이스마엘 사람들에게 팔려 애굽으로 갔습니다. 끔찍한 일입니다. 요셉의 삶에 시련이 시작되었습니다. 마치 거센 바람이 불어닥친 듯합니다. 그런데 이것은 하나님이 요셉의 삶에 일하기 시작하셨다는 의미입니다. 시련을 겪을 때, 우리가 할 일은 아무것도 없습니다. 시련의 때는 하나님이 일하시는 때입니다.

형들은 요셉의 꿈을 시기했습니다. 형들은 요셉의 꿈이 이루어지는 것을 훼방하는 방해꾼입니다. 우리도 마찬가지입니다. 하나님 나라를 위한 꿈을 가졌다고 해서 모두가 박수 치고 격려하는 것은 아닙니다. 시기하고 질투하는 사람이 있습니다. 선한 일을 할 때, 모든 사람이 지지하는 것은 아닙니다. 오해하고 곡해하는 사람이 있습니다. 모함하는 사람이 있습니다. 어쩌면 당연한 일일지도 모릅니다.

요셉은 자신이 꾼 꿈을 이야기하면 형들이 좋아할 것으로 생각하고 말했을 것입니다. 그런데 현실은 냉혹했습니다. 형들은 요셉의 꿈을 지지하지 않는 정도가 아니라, 그 일로 핍박했습니다. 당시 요셉은 17세 소년이었습니다. 요셉은 세상이 얼마나 악한가를 알지 못했습니다. 그래서 순진하게 행동하다가 엄청난 일을 경험했습니다.

이 땅에서 하나님 나라를 꿈꾸며 사는 사람은 오해받는 것이 당연합니다. 고난을 경험하는 것이 당연합니다. 심지어 가족이 반대할 때도 있습니다. 예수님도 오해를 받으셨습니다. 유대인들은 유대인의 왕으로 오신 예수님을 배척했습니다. 제자들도 예수님을 온전히 이해하지 못했습니다. 예수님의 형제들조차 예수님을 오해했습니다. 하나님 나라의 일을 하는 사람은 오해받을 것을 각오해야 합니다. 그러므로 자신이 하는 일을 모든 사람이 이해하고 환영할 것이라고 생각해서는 안 됩니다.

꿈이 있는 사람은 고난을 겪습니다. 엄청난 꿈을 꾸었다고 해서 좋은 일만 일어나는 것은 아닙니다. 오히려 반대되는 일이 일어날 수 있습니다. 꿈은 때로는 고난을 예고합니다. 하나님이 우리를 순탄한 길로 인도하겠다고 약속하신 적은 없습니다. 하나님이 인도하시는 대로 살 때, 어려움이 없을 거라고 말씀하시지도 않았습니다. 그래서 하나님이 인도하실 때, 우리는 때때로 험한 길을 가기도 합니다.

시편 23편은 "여호와는 나의 목자시니 내게 부족함이 없으리로다 그가 나를 푸른 풀밭에 누이시며 쉴 만한 물 가로 인도하시는도다"라고 기록되어 있습니다(1-2절). 이 두 구절만 보면 아주 좋습니다. 마음이 평안해집니다. 그러나 다음 구절을 보면

"사망의 음침한 골짜기"를 지날 때가 있다고 합니다. "원수의 목전"에 있을 때도 있습니다(4-5절). 그러나 그런 때에도 하나님은 우리를 보호하십니다. 이를 통해 우리는 하나님이 신실하시다는 것을 알 수 있습니다.

사람을 사고파는 것은 범법행위입니다. 동생이 아무리 미워도 어떻게 팔 수 있습니까? 이해할 수도 없고, 일어나서도 안 되는 일이 일어났습니다. 그런데 살아가는 동안 이런 일을 경험할 때가 있습니다. 지금 세상에서는 이보다 더 끔찍한 일도 일어납니다. 세상은 악합니다. 악한 세상에 사는 사람 역시 악합니다. 꼭 이런 끔찍한 일이 아니더라도 우리는 살면서 많은 시련을 경험합니다. 가족의 갑작스러운 죽음, 사업의 실패, 우울증, 따돌림, 이별, 배신 등 헤아릴 수 없이 많습니다.

시련은 갑자기 닥칩니다. 시련은 우리가 가는 길을 가로막습니다. 때로는 모든 것이 무너지는 듯합니다. 사람들은 시련의 때마다 '왜 나에게 이런 일이 일어났는가'라고 생각하면서 낙심합니다. 만약 하나님이 변덕스러우시다면, 신실하신 분이 아니라면, 우리의 미래가 어떻게 될지 알 수 없습니다. 하나님을 바라볼 수 없습니다.

그러나 하나님은 신실하십니다. 우리는 어려운 일을 경험할 때, 신실하신 하나님을 바라보아야 합니다. 신실하신 하나님을 신뢰해야 합니다.

고난은 고난으로 끝나지 않는다

애굽으로 간 요셉은 바로의 신하 친위대장 보디발의 집에 팔렸습니다. 창세기 37장은 이렇게 끝납니다. 그러나 요셉의 이야기는 여기서 끝이 아닙니다. 요셉이 애굽에 이르게 된 데에는 엄청난 비밀이 있습니다.

요셉에게 꿈을 주신 분은 하나님입니다. 그러므로 우리는 요셉이 애굽으로 오기까지의 과정에서 요셉의 의지와 상관없이 일어난 일을 자세히 살펴보아야 합니다. 우리는 요셉이 어떻게 해서 애굽으로 왔는가, 누가 요셉의 삶을 바닥에 떨어지게 했는가를 깊이 생각해 보아야 합니다.

요셉의 이야기를 거슬러 올라가서 살펴봅시다. 요셉의 이야기는 아버지 야곱으로부터 시작합니다. 야곱은 요셉을 양 떼를 돌보고 있는 형들에게로 보냈습니다. 왜 그랬을까요? 만약 야곱이 요셉을 집에 그대로 두었다면, 아무 일도 일어나지 않았을 것입니다.

요셉은 형들을 찾아가는 과정에서 "어떤 사람"을 만났습니다(창 37:15). 요셉이 그 사람을 만난 것은 특별하게 느껴집니다. 우연으로 여길 수 없습니다. 그 사람은 요셉에게 "그들이 여기서 떠났느니라 내가 그들의 말을 들으니 도단으로 가자 하더라"고 말했습니다(창 37:17). 만약 요셉이 그 사람을 만나지 않았더라면 어떻게 되었을까요? 그 사람이 길을 잘 아는 사람인 것과 형들의 위치를 알고 있었다는 것은 요셉의 이야기에서 중요하게 작용합니다.

형들은 요셉을 구덩이에 던져 넣었지만, 르우벤은 기회를 봐서 그를 건져낼 생각이었습니다. 그런데 르우벤의 계획대로 되지 않았습니다. 르우벤이 없을 때, 형들이 요셉을 팔았습니다. 만약 르우벤이 생각한 대로 되었다면 어떻게 되었을까요?

요셉의 형들이 미디안 사람 상인들을 본 것은 우연이 아닙니다. 이스마엘 사람들이 낙타에 향품과 유향과 몰약을 싣고 요셉의 형들이 있는 곳으로 지나간 것도 우연이 아닙니다. 이렇게 요셉이 애굽으로 팔려가는 과정에 등장하는 사람이 한둘이 아닙니다. 어떻게 그런 일이 일어났을까요? 눈에 보이지 않는 하나님의 역사가 있었기 때문입니다.

요셉의 이야기에서 그가 애굽에 온 것은 매우 중요한 사건입니다. 그러나 요셉으로서는 자기 꿈이 산산조각 난 사건입니다. 미래가 보이지 않았습니다. 최악의 상황입니다. 요셉은 자신이 왜 애굽으로 왔는지 알지 못했습니다. 아버지의 집에서 사랑받던 자신이 왜 애굽의 노예가 되었는지 몰랐습니다. 살면서 자기가 이런 일을 당하리라고 상상이라도 했겠습니까? 이것은 하나님이 주신 꿈과 거리가 아주 멀게 느껴집니다. 이제 요셉은 자신의 꿈을 더 이상 생각하고 싶지 않았을 것입니다.

우리 삶에도 일어나지 않기를 바랐던 일이 일어날 때가 있습니다. 이러한 때, 사람들은 당황합니다. 좌절하고 절망합니다. 분노합니다. 믿음 생활을 잘해 온 사람도 마찬가지입니다. 어려운 것은 어려운 것입니다. 요셉은 철인이 아닙니다. 보통 사람입니다. 요셉도 고통을 느꼈습니다. 고통을 피할 수 없었습니다. 요셉도 힘든 것은 힘든 것입니다. 고난이 고난으로 끝난다면 절망할 수밖에 없습니다. 그러나 믿음의 사람은 고통이 고통으로 끝나지 않는다는 것을 알고 있습니다. 고난이 고난으로 끝나지 않는다는 것을 믿습니다. 하나님은 우리가 일어나지 않기를 바랐던 일을 통해서도 하나님의 일을 이루십니다.

하나님은 우리가 고통을 겪는 것을 가만히 보고만 계시는 분이 아닙니다. 그러므로 믿음의 사람이 겪는 고난은 무의미하지 않습니다. 하나님이 고난을 다루십니다. 하나님은 사람이 행하는 악까지도 구원의 도구로 사용하십니다. 그러므로 하나님의 주권을 벗어나 일어나는 일은 없습니다. 형들이 요셉을 미워한 것과 그에게 행한 악한 행동이 모두 하나님의 주권 안에 있습니다.

요셉의 이야기를 살펴보면, 요셉은 눈치 없이 행동한 때도 있었고, 실수한 적도 있었습니다. 형들이 요셉을 구덩이에 던져 넣었을 때, 그는 죽을 수도 있었습니다. 그러나 이때 유다가 죽이지 말자 하고 그를 이스마엘 사람들에게 팔자 했기 때문에 죽지 않았습니다. 하나님은 유다를 사용하셔서 요셉을 살리셨습니다. 요셉의 형들은 악한 일을 도모했지만, 하나님은 요셉의 생명에 손대지 못하게 하셨습니다.

요셉의 꿈이 이루어지는 과정에서 수많은 일이 일어났습니다. 아슬아슬한 때가 한두 번이 아니었습니다. 그러나 요셉에게 꿈을 주신 하나님은 요셉의 꿈이 이루어질 수 있도록 요셉을 보호하셨습니다.

지금도 마찬가지입니다. 우리는 죄악 가운데 삽니다. 살면서 실수할 때가 많습니다. 하나님을 돕기보다 방해할 때가 많습니다. 그럼에도 하나님은 우리를 통해 뜻을 이루십니다. 우리는 이것을 믿어야 합니다.

깨어진 꿈을 새롭게 하신다

우리도 살다 보면 꿈대로 되지 않을 때, 삶이 뒤틀린 듯할 때가 있습니다. 이때는 침묵해야 합니다. 고난의 때에는 침묵하는 것이 바람직합니다.

욥기를 보면, 욥이 처음에는 침묵했습니다. 그런데 나중에 친구들이 그의 고난에 대해 말하기 시작하자, 더 이상 침묵하지 않았습니다. 그리고 나중에는 후회했습니다. 시련의 때에는 하나님을 주목해야 합니다. 침묵해야 합니다. 그래야 하나님의 음성을 들을 수 있습니다. 시련의 때에 침묵하지 않으면, 사탄의 표적이 될 수 있습니다. 그러나 침묵하는 사람은 사탄이 공격할 수 없습니다. 이처럼 침묵은 위력이 있습니다. 말하고 싶어도 속으로 삭여야 합니다. 그리고 하나님께 귀를 기울여야 합니다. 그 때 영성이 깊어집니다. 영혼이 강해집니다. 하나님의 임재를 경험할 수 있습니다.

우리가 가진 꿈이 산산조각 날 때 절망할 수 있습니다. 그러나 하나님은 깨어진 꿈을 통해 우리에게 새로운 꿈을 갖게 하십니다. 우리가 가진 꿈이 악인 때문에 깨어졌다 할지라도, 하나님은 우리의 깨어진 꿈을 새롭게 하실 수 있습니다. 십자가를 보십시오. 예수님은 악인에 의해 십자가에 못 박히셨습니다. 십자가에 못 박히신 예수님의 모습은 초라합니다. 그러나 하나님은 예수님을 다시 살리셨습니다. 죽음을 이기게 하셨습니다. 십자가를 통해 온 인류를 구원하는 길을 만드셨습니다.

요셉은 자신이 원해서 애굽으로 간 것이 아닙니다. 그러나 요셉은 애굽으로 가야 했습니다. 요셉의 꿈이 그를 애굽으로 이끌었습니다. 지금 구덩이에 빠진 듯한 고통 가운데 있습니까? 원하지 않는 길로 가고 있습니까? 내가 마음먹은 대로 되지 않는 것이 복된 것입니다. 우리보다 더 크신 하나님이 우리를 이끄신다는 의미이기 때문입니다.

요셉의 형들은 악을 행했고 이긴 것처럼 보입니다. 그러나 하나님이 요셉을 애굽으로 이끄셨습니다. 악은 하나님의 계획이 성취되는 것을 방해합니다. 그러나 하나님의 일을 막을 수는 없습니다. 하나님의 계획, 하나님의 뜻은 반드시 성취됩니다. 우리가 마음먹은 대로 되지 않는 것 같은 때가 있습니다. 그러나 하나님의 주권을 벗어난 것은 아닙니다. 하나님은 모든 것을 통제하십니다. 하나님은 매 순간 우리를 이끄십니다. 하나님은 우리보다, 악인보다 더 큰 능력을 가지고 계십니다.

하나님은 큰 능력으로 우리를 이끄십니다. 우리는 이것을 믿습니다. 그러므로 절망적인 상황 속에서도 우리는 낙심하지 않고 믿음으로 살 수 있습니다.

3.

형통의 복은
오르막길이 아니다

창세기 39:1-5

¹ 요셉이 이끌려 애굽에 내려가매 바로의 신하 친위대장 애굽 사람 보디발이 그를 그리로 데려간 이스마엘 사람의 손에서 요셉을 사니라 ² 여호와께서 요셉과 함께 하시므로 그가 형통한 자가 되어 그의 주인 애굽 사람의 집에 있으니 ³ 그의 주인이 여호와께서 그와 함께 하심을 보며 또 여호와께서 그의 범사에 형통하게 하심을 보았더라 ⁴ 요셉이 그의 주인에게 은혜를 입어 섬기매 그가 요셉을 가정 총무로 삼고 자기의 소유를 다 그의 손에 위탁하니 ⁵ 그가 요셉에게 자기의 집과 그의 모든 소유물을 주관하게 한 때부터 여호와께서 요셉을 위하여 그 애굽 사람의 집에 복을 내리시므로 여호와의 복이 그의 집과 밭에 있는 모든 소유에 미친지라

하나님은 우리를 사랑하십니다. 또 우리를 신실하게 인도하십니다. 그런데 우리는 살면서 고난을 겪게 되면 '하나님이 나를 사랑하시는 것이 맞나?' '하나님이 우리를 신실하게 인도하신다는데, 내 삶은 왜 이러지?'라고 생각합니다.

우리는 '하나님이 인도하신다'는 말을 '하나님이 편안한 길로 인도하신다'고 이해합니다. 그래서 하나님이 인도하시면 어려움이 전혀 없을 것이라고 생각합니다. 그런데 사실은 하나님이 우리를 인도하실 때 원하지 않는 일을 경험할 수 있습니다. 그럴 때 우리는 하나님이 엉뚱한 곳으로 인도하신다고 생각합니다.

인생에 내리막길이 찾아올 때

요셉의 삶에는 굴곡이 많습니다. 창세기 39장 1절에 보면, "요셉이 이끌려 애굽에 내려가매"라고 기록합니다. 요셉은 스스로 요셉이 원해서 애굽으로 간 것이 아닙니다. 자신의 뜻과 상관없이 가서는 보디발에게 팔렸습니다. 여기서 요셉은 철저히 수동적입니다.

또 애굽으로 "내려가매"라고 했습니다. 내려갔다는 것은 이스라엘에서 애굽으로 갔다는 말입니다. 이것은 지리적인 의미뿐 아니라, 요셉의 삶에 내리막길이 시작되었다는 의미도 있습니다. 우리는 하나님이 우리 인생을 내리막길로 가도록 내버려 두시면 안 된다고 생각합니다. 그러나 하나님은 요셉이 애굽으로 내려가게 하셨습니다. 요셉의 삶은 바닥으로 내려갔습니다.

인생의 내리막길 가기를 원하는 사람은 없습니다. 사람들은 정상을 바라봅니다. 정상을 향해 올라가려고 합니다. 성공하기를 소망합니다. 그런데 정상으로 올라가는 길은 험합니다. 정상으로 올라가는 것은 힘듭니다. 그에 비해 내려가는 것은 한순간입니다. 올라가는 법, 성공하는 방법을 알려 주는 사람은 많습니다. 그러나 내려 가는 법을 가르쳐 주는 사람은 없습니다.

사람들은 내려가는 것을 생각하지도 않습니다. 자신은 실패하지 않으리라 생각합니다. 그러다가 삶이 내리막길을 향하면 당황합니다. 마음의 준비가 되지 않았기 때문에 내리막길이 더 험악하게 느껴집니다. 내려가는 것은 고통스럽습니다. 내려가는 속도가 빠르면 견디기 어렵습니다. 어디까지 내려갈 것인지 알 수 없습니다. 인생의 내리막길에서 사람들은 좌절과 상실, 절망을 경험합니다. 심한 경우에는 죽고 싶어집니다.

그런데 살다 보면, 누구나 인생의 내리막길을 경험합니다. 승승장구하다가 실패를 경험할 때, 그 충격은 매우 큽니다. 그러므로 실패를 잘 받아들여야 합니다. 내리막길을 잘 내려가야 합니다. 그런데 사람들은 인생의 내리막길을 가는 것에 익숙하지 않습니다. 그래서 인생의 내리막길을 가지 않으려고 버팁니다.

인생의 내리막길을 가는 것은 자존심 상하는 일이라고 생각합니다. 그런데 자존심을 버려야 합니다. 자아가 깨어져야 합니다. 현실을 받아들여야 합니다.

내려가는 것을 받아들이지 않고 버티면 삶이 오히려 더 힘들어집니다. 심리학자 칼 융(Carl Gustav Jung)은 "필요한 고통을 거부하면 불필요한 고통을 끌어들인다"라고 말했습니다. 고통을 받아들이지 않고 거부하면, 오히려 더 큰 고통을 겪습니다. 정신질환을 겪기도 합니다. 현실을 받아들이지 못하고 부정하고 저항하면 삶이 더 힘들어집니다. 그러므로 인생의 내리막길을 경험할 때, '왜 내가 이런 고통을 겪어야 하느냐'라고 분노해서는 안 됩니다.

그럼에도 인생의 내리막길을 가는 것은 힘듭니다. 그러나 필요합니다. 인생의 내리막길에서 배우는 것이 있습니다. 인생이 계속 내려가는 것은 아닙니다. 인생의 내리막길은 끝이 있습니다. 내리막길이 있으면, 반드시 오르막길도 있습니다.

잘 내려가는 법

살면서 인생의 내리막길을 경험하는 것은 매우 중요합니다. 인생의 바닥이 있다는 것을 경험해야 합니다. 인생의 바닥을 경험한 사람은 인생이 무엇인지 제대로 알 수 있습니다. 인생의 내리막길을 가는 것은 실패가 아닙니다. 내려갈 때에 잘 내려가지 못하는 것이 실패입니다. 인생의 내리막길을 잘 내려가야 합니다. 그래야 다시 올라갈 수 있습니다.

살면서 승승장구만 하는 것은 결코 좋은 것이 아닙니다. 인생의 내리막길을 경험하지 않아 본 사람은 위험합니다. 인생의 내리막길을 경험하되 일찍이 경험하는 것이 좋습니다. 인생의 후반에 내리막길을 경험하면 매우 힘듭니다.

요셉은 열일곱 나이에 노예 신분으로 애굽에 왔습니다. 언어가 다르고 문화가 다른 곳으로 왔습니다. 이민 생활도 쉽지 않은데 요셉은 강제로 이주당했습니다. 준비도 없이 아버지와 생이별했습니다. 게다가 이방 땅에서 노예로 살아야 했습니다. 이것은 어린 요셉이 견디기 어려운 시련입니다.

애굽으로 오기 전까지 요셉은 인생의 바닥을 경험한 적이 없었습니다. 채색옷을 입고 아버지의 편애를 받으며 호사를 누렸습니다. 그런데 요셉의 삶에 폭풍이 불었습니다. 그가 누리던 특혜가 모두 사라졌습니다. 요셉이 경험하는 인생의 내리막길은 매우 험했습니다.

저는 어렸을 때 저희 가정의 내리막길을 경험했습니다. 돌이켜 보면, 그때 내리막길을 경험한 것이 제게는 유익했습니다. 목회하는 데 있어서 큰 자산이 되었습니다. 그때 내리막길을 경험하지 않았다면, 지금 제가 이 자리에 있을 수 없었을 것입니다. 목회자가 되지 않았을지도 모릅니다. 저는 그 내리막길을 경험하면서 철이 들었습니다. 삶이 힘들었던 까닭에 신앙심이 깊어졌습니다. 산에 가서 기도했습니다. 방학이 되면 금식하며 기도했습니다. 예수님을 믿는 것이 아주 좋았습니다. 그래서 교회에서 살다시피 했습니다.

여러분은 언제 하나님을 만났습니까? 인생의 내리막길에서 하나님을 만나는 사람이 많습니다. 인생의 오르막길에서 하나님을 만나는 것은 쉽지 않습니다. 그러므로 인생의 내리막길이 나쁜 것은 아닙니다. 인생의 내리막길은 유익합니다. 내리막길 위에서 많은 것을 경험할 수 있습니다.

고난 당한 것이 내게 유익이라 이로 말미암아 내가 주의 율례들을 배우게 되었나이다 시 119:71

평소에는 하나님의 말씀을 들어도 중요하게 생각하지 않습니다. 그런데 고난 가운데 있을 때에는 한 말씀도 놓치지 않으려고 합니다. 말씀을 듣는 자세가 다릅니다. 인생의 내리막길에서 배운 말씀은 피가 되고 살이 됩니다. 마음속에 각인됩니다. 고난 속에서 경험한 말씀은 평생 잊히지 않습니다. 고난을 통해 하나님을 깊이 경험할 수 있습니다. 고난 속에서 특별한 은혜를 경험할 수 있습니다.

누구든지 인생의 내리막길을 경험합니다. 인생의 내리막길에서 사람들은 무언가를 붙들려고 합니다. 그런데 그런다고 사는 것이 아닙니다. 엉뚱한 것을 붙들어서는 안 됩니다. 잘못된 것을 붙들면 죽습니다.

> [3] 귀인들을 의지하지 말며 도울 힘이 없는 인생도 의지하지 말지니 [4] 그의 호흡이 끊어지면 흙으로 돌아가서 그 날에 그의 생각이 소멸하리로다 [5] 야곱의 하나님을 자기의 도움으로 삼으며 여호와 자기 하나님에게 자기의 소망을 두는 자는 복이 있도다 시 146:3-5

삶이 힘들다고 사람에게 도움을 구해서는 안 됩니다. 도움을 받으려다가 오히려 더 큰 어려움을 경험할 수 있습니다. 아무리 위급해도 붙들 만한 것을 붙들어야 합니다. 믿음의 사람은 야곱의 하나님을 자신의 도움으로 삼습니다. 야곱의 하나님을 자신의 도움으로 삼는 것이 믿음입니다. 떨어지는 것은 문제가 아닙니다. 떨어질 때에 무엇을 붙잡는가가 중요합니다. 믿음의 사람은 하나님 붙드는 법을 익힌 사람입니다.

우리가 떨어질 때, 하나님은 우리를 기다리십니다. 하나님이 우리에게 손을 내미십니다. 그때 우리는 하나님의 손을 잡아야 합니다. 하나님은 우리가 하나님의 손을 잡는 것보다 더 강하게 우리를 잡아 주십니다. 잡아 주시는 하나님은 우리를 비상(飛上)하게 하십니다.

형통한 자 요셉

> 여호와께서 요셉과 함께 하시므로 그가 형통한 자가 되어 그의 주인 애굽 사람의 집에 있으니 창 39:2

언뜻 보기에 요셉의 삶은 형통과 어울리지 않는 듯합니다. 오히려 형통과 반대되는 상황이 많았습니다. 그럼에도 성경에서는 하나님이 요셉과 함께하시므로 요셉이 형통한 자가 되었다고 했습니다. 창세기 39장에는 하나님이 요셉과 함께하셨다는 말이 네 번 기록되어 있습니다(창 39:2, 3, 21, 23). 아울러 요셉은 자신만 형통하지 않았습니다. 요셉 덕분에 주변 사람까지도 복을 받았습니다. 이것 또한 하나님이 요셉과 함께하셨기 때문입니다. 하나님과 함께하는 것이 복입니다.

그런데 사실 요셉은 애굽의 노예가 됐습니다. 그는 인생의 바닥을 경험하는 중입니다. 어딜 봐서 그가 형통하다 말할 수 있습니까? 무엇이 그가 받은 복입니까? 여기서 우리는 성경에서 말하는 복을 올바르게 이해해야 합니다. 우리는 복을 오해합니다. 부귀영화를 누리는 것, 무병장수하는 것을 복이라고 생각합니다. 물론 이런 것들도 복이 될 수 있습니다. 그러나 성경에서 말하는 복은 생명력을 의미합니다. 참 생명이신 하나님, 생명의 근원이신 하나님과 연결된 것이 복입니다.

생명으로 충만하신 하나님은 이 땅의 모든 생명체를 살게 하십니다. 하나님은 우리를 존재하게 하십니다. 우리가 하나님 안에 있을 때, 충만한 생명을 경험할 수 있습니다. 그러나 하나님을 떠난 사람은 생명이 소멸합니다. 하나님과 함께 있을 때, 우리는 생명의 충만함을 경험합니다. 이것이 우리가 하나님으로 인해 경험하는 복입니다.

하나님을 떠나는 순간, 복은 사라집니다. 아무리 많은 것을 가졌다고 해도, 하나님과 함께하지 않는 사람은 복 있는 사람이 아닙니다. 소유는 결코 복이 될 수 없습니다. 하나님과 함께하는 것이 최고의 복입니다. 하나님과 함께하는 사람이 가장 복 있는 사람입니다.

믿음의 사람은 예수님의 생명을 경험합니다. 예수님을 믿는 사람 안에는 생명이 흘러넘칩니다. 이 생명은 부활의 생명이요 영원한 생명입니다. 그러므로 예수님을 믿는 사람은 사망 권세의 지배를 더는 받지 않습니다.

하나님은 생명의 근원이십니다. 복을 받았다는 것은 하나님의 생명을 공유한다는 의미입니다. 하나님의 생명을 공유하는 사람은 하나님이 주시는 평안을 누립니다. 하나님 안에서 복을 누리는 사람은 하나님 안에 있으므로 충만합니다. 그러므로 평안을 누릴 수밖에 없습니다.

사람들이 왜 날카로워집니까? 왜 불안해합니까? 왜 다툽니까? 결핍을 경험하기 때문입니다. 왜 결핍을 느낍니까? 하나님을 떠났기 때문입니다. 하나님을 떠난 사람은 하나님으로부터 생명을 공급받지 못합니다. 하나님으로부터 말미암는 풍성한 복을 경험할 수 없습니다. 그러므로 하나님을 떠난 사람은 결핍을 경험할 수밖에 없습니다.

> [2] 내가 너로 큰 민족을 이루고 네게 복을 주어 네 이름을 창대하게 하리니 너는 복이 될지라 [3] 너를 축복하는 자에게는 내가 복을 내리고 너를 저주하는 자에게는 내가 저주하리니 땅의 모든 족속이 너로 말미암아 복을 얻을 것이라 하신지라 창 12:2-3

하나님과 함께하는 복은 아브라함이 누렸던 복입니다. 아브라함을 부르실 때, 하나님은 그에게 함께하는 복을 약속하셨습니다.

요셉은 애굽에서 모든 것이 끝난 듯했을 것입니다. 꿈이 산산조각 난 듯했을 것입니다. 그러나 그렇지 않습니다. 요셉은 형들에게 버림받았지만 하나님은 요셉을 버리지 않으셨습니다. 하나님이 함께하심으로 요셉이 복을 받았습니다. 하나님은 한순간도 요셉을 떠나시지 않으셨습니다. 하나님은 요셉과 항상 함께하셨습니다. 요셉은 하나님의 복 안에 있었습니다. 이것이 형통입니다.

요셉은 노예였지만, 여느 노예들과 달랐습니다. 그런 요셉의 모습이 주인 보디발의 눈에 띄었습니다. 보디발은 그를 보며 형통하게 하시는 하나님을 보았습니다(창 39:3). 그래서 그를 자기 집 총무로 삼았습니다. 그리고 자신의 소유를 요셉에게 다 맡겼습니다. 완전히 위탁했습니다. 요셉은 주인 보디발의 인정을 받았습니다.

노예는 주인의 감시를 받고, 통제를 받는 존재입니다. 노예에게는 모든 것을 맡길 수 없습니다. 그런데 보디발은 요셉에게 자신의 집과 소유물을 모두 주관하게 했습니다. 요셉을 주인인 자신과 같은 위치에 있게 했습니다. 보디발은 오랫동안 다양한 방식으로 요셉을 지켜보았을 것입니다. 그렇게 한 후, 보디발은 요셉이 복 있는 사람이라는 것을 감지했을 것입니다.

주객(主客)이 전도(顚倒)되었습니다. 주인 보디발이 노예 요셉의 감시와 통제를 받게 되었습니다. 요셉의 존재감이 드러났습니다. 요셉은 더 이상 노예가 아닙니다. 요셉은 하나님과 친밀했습니다. 하나님이 요셉과 함께하셨기 때문입니다. 그는 보디발의 집에서도 하나님의 임재 가운데 있었습니다.

애굽의 노예 신세가 된 것은 요셉이 바란 일이 아닙니다. 그러나 분명한 것은 하나님이 함께하셨다는 것입니다. 반대로 언뜻 보기에는 아무 문제 없어 보이고, 모든 것이 순탄한 것 같아도, 하나님이 함께하시는 것을 확신할 수 없다면 어떻겠습니까? 자신이 원하는 대로 되는 것이 형통한 것은 아닙니다. 하나님이 함께하시는 것이 형통입니다. 우리는 이것을 기억해야 합니다. 하나님이 함께하시지 않는다면, 삶은 미궁에 빠질 것입니다. 그러나 하나님이 함께하시면, 모든 것이 형통합니다.

　노예는 주인에게 종속된 사람입니다. 요셉은 노예였지만 주인 보디발에게 종속되지 않았습니다. 요셉은 하나님께 속한 사람입니다. 하나님이 함께하시는 것을 경험하며 사는 사람은 사람의 눈치를 보지 않습니다. 하나님으로부터 에너지를 공급받습니다. 우리 인생은 하나님의 손에 있습니다.

하나님이 주시는 복의 특징

　하나님이 요셉과 함께하심으로 요셉은 복을 누렸습니다. 생명의 충만함을 경험했습니다. 요셉은 노예였지만 주인 보디발보다 더 활기찼습니다. 이것은 세상 모두를 가진 것보다 나은 만족입니다. 이처럼 하나님과 함께하는 사람은 하나님이 주시는 생명을 경험합니다. 이런 사람은 남다릅니다. 에너지가 넘칩니다. 외적 상황으로 인해 위축되지 않습니다.

　요셉이 보디발의 집과 그의 모든 소유물을 주관한 후부터 보디발의 집에 놀라운 변화가 일어났습니다. 이전과는 확연하게 달랐습니다. 그 변화를 보디발은 알았습니다. 이처럼 하나님은 복을 주심으로 사람들에게 자신의 존재를 알게 하십니다.

> 그가 요셉에게 자기의 집과 그의 모든 소유물을 주관하게 한 때부터
> 여호와께서 요셉을 위하여 그 애굽 사람의 집에 복을 내리시므로 여
> 호와의 복이 그의 집과 밭에 있는 모든 소유에 미친지라 창 39:5

요셉은 보디발에게 인정받으려고 노력하지 않았습니다. 그냥 그의 집에서 일했을 뿐입니다. 보디발이 하라는 대로 했을 뿐입니다. 그런데 하나님은 보디발의 집에 복을 내리셨습니다. 보디발의 집과 밭에 있는 모든 소유에 하나님의 복이 미쳤습니다. 보디발이 요셉에게 자기의 집과 자신의 모든 소유물을 주관하게 한 때부터 하나님은 요셉을 위하여 보디발의 집을 복되게 하셨습니다. 여호와의 복이 자신의 집과 밭에 있는 모든 소유에 미치는 것을 보디발이 경험했습니다.

이처럼 하나님의 복을 받은 사람은 받은 복을 혼자 누리지 않습니다. 요셉이 받은 복은 주변으로 흘러갔습니다. 하나님이 요셉과 함께하시는 것으로 인해 보디발의 집까지 복을 받았습니다. 하나님이 주시는 복이 전이되었습니다. 이것이 복의 특징입니다.

복 있는 사람과 함께 있으면, 그 복을 함께 누립니다. 보디발은 복 있는 사람 요셉과 함께하여 복을 받았습니다. 이처럼 복 있는 사람과 함께하는 것이 복입니다. 그러므로 복 있는 사람을 가

까이하기 바랍니다.

요셉의 주인 보디발은 애굽 사람입니다. 하나님을 알지 못하는 사람입니다. 그런 보디발이 하나님과 함께하는 요셉을 통해 하나님을 알게 되었습니다. 보디발은 하나님이 요셉의 범사에 형통하게 하시는 것을 알았습니다. 하나님이 요셉에게 복을 주신다는 것을 알았습니다. 보디발은 하나님이 요셉의 삶에 영향을 끼치신다는 것을 알았습니다. 보디발은 요셉을 신뢰했을 뿐 아니라, 요셉이 믿는 하나님을 믿고 요셉에게 모든 것을 맡겼습니다.

주인은 노예에게 뭔가를 베풉니다. 노예는 주인을 위해 일합니다. 그리고 주인은 노예가 일한 것으로 먹고 삽니다. 그런데 보디발과 요셉의 관계에서는 바뀌었습니다. 노예인 요셉이 주인에게 많은 것을 베풉니다. 주인 보디발이 요셉 덕분에 많은 유익을 경험했습니다.

하나님이 복을 주기로 작정하셨다면 누구도 이것을 막을 수 없습니다. 요셉의 형들도, 노예생활을 하는 환경도 하나님이 요셉에게 주시는 복을 막을 수 없습니다. 하나님이 주시는 복은 요셉이 겪은 많은 어려움을 바꾸어 놓았습니다. 하나님의 섭리를 이루는 도구가 되게 했습니다. 이것이 성경적 복입니다.

하나님과 함께하는 복을 누리라

하나님은 복의 근원이십니다. 모든 복은 하나님으로부터 시작합니다. 하나님은 아브라함에게 "내가 너로 큰 민족을 이루고 네게 복을 주어 네 이름을 창대하게 하리니 너는 복이 될지라"고 말씀하셨습니다(창 12:2). 하나님이 아브라함에게 주신 복이 오늘날 우리에게까지 이르렀습니다.

우리는 하늘에 속한 모든 신령한 복을 받았습니다(엡 1:3). 하나님이 우리에게 주신 복으로 인해 모든 저주가 사라졌습니다. 우리가 누리는 복은 예수님으로 말미암은 복입니다. 우리가 누리는 복은 누구도 빼앗을 수 없습니다.

하나님은 요셉을 애굽의 노예가 되게 하시고, 바로의 신하 친위대장 보디발의 집에서 일하게 하셨습니다. 이것은 요셉이 선택한 것이 아닙니다. 이 모든 일은 하나님의 섭리입니다. 삶이 우리가 계획한 대로 되지 않을 때, 우리는 하나님을 원망합니다. 그러나 삶이 우리가 계획한 대로, 생각한 대로 되지 않아도, 하나님이 우리와 함께하시면 섭리대로 일이 이루어집니다.

따라서 우리는 스스로 내일 일을 전망해서는 안 됩니다. 우리는 하나님이 우리와 함께하시는 것을 매 순간 확인해야 합니다. 어려운 일을 겪을 때도 하나님이 함께하고 계심을 확신하기 바랍니다. 하나님이 우리와 함께하신다는 것은 하나님이 우리의 삶 속에서 일하신다는 의미입니다.

네가 물 가운데로 지날 때에 내가 너와 함께 할 것이라 강을 건널 때에 물이 너를 침몰하지 못할 것이며 네가 불 가운데로 지날 때에 타지도 아니할 것이요 불꽃이 너를 사르지도 못하리니 사 43:2

하나님은 우리의 삶에서 고통을 제거해 주시지 않습니다. 하나님은 우리가 고난을 피하도록 하시지 않습니다. 분명한 것은 하나님이 매 순간 우리와 함께하신다는 것입니다.

다니엘의 세 친구는 풀무불 가운데 떨어졌습니다. 그러나 불이 그들의 몸을 해하지 못했습니다. 머리털도 그을리지 않았습니다. 다니엘은 사자 굴에 던져졌습니다. 그러나 다니엘은 조금도 상하지 않았습니다. 풀무불 가운데서도, 사자 굴에서도 하나님이 함께하셨기 때문입니다.

우리는 미래를 알 수 없습니다. 예측할 수도 없습니다. 그러나 우리는 예수님의 약속을 기억해야 합니다. 예수님은 "내가 세상 끝날까지 너희와 항상 함께 있으리라"고 약속하셨습니다(마 28:20). 이것은 신실하신 하나님의 약속입니다.

임마누엘의 하나님이 우리와 함께하십니다. 하나님은 우리 안에 계십니다. 우리를 버리지 않으십니다. 우리를 떠나지 않으십니다. 혼란스러울 때, 힘들 때, 하나님이 우리와 함께하신다는 말씀은 우리에게 큰 힘이 됩니다. 하나님이 함께하신다는 말씀을 의심하지 마십시오.

하나님과 함께하는 사람은 형통합니다. 하나님이 나와 함께하신다는 것을 믿을 때, 우리는 승리할 것입니다. 우리와 함께하시는 하나님께 감사하기 바랍니다. 하나님을 찬양하기 바랍니다. 하나님의 풍성함을 경험하기 바랍니다. 하나님의 임재 가운데서 승리하기 바랍니다.

4.

죄의 유혹은
형통할 때 찾아온다

창세기 39:7-15

7 그 후에 그의 주인의 아내가 요셉에게 눈짓하다가 동침하기를 청하니 8 요셉이 거절하며 자기 주인의 아내에게 이르되 내 주인이 집안의 모든 소유를 간섭하지 아니하고 다 내 손에 위탁하였으니 9 이 집에는 나보다 큰 이가 없으며 주인이 아무것도 내게 금하지 아니하였어도 금한 것은 당신뿐이니 당신은 그의 아내임이라 그런즉 내가 어찌 이 큰 악을 행하여 하나님께 죄를 지으리이까 10 여인이 날마다 요셉에게 청하였으나 요셉이 듣지 아니하여 동침하지 아니할 뿐더러 함께 있지도 아니하니라 11 그러할 때에 요셉이 그의 일을 하러 그 집에 들어갔더니 그 집 사람들은 하나도 거기에 없었더라 12 그 여인이 그의 옷을 잡고 이르되 나와 동침하자 그러나 요셉이 자기의 옷을 그 여인의 손에 버려두고 밖으로 나가매 13 그 여인이 요셉이 그의 옷을 자기 손에 버려두고 도망하여 나감을 보고 14 그 여인의 집 사람들을 불러서 그들에게 이르되 보라 주인이 히브리 사람을 우리에게 데려다가 우리를 희롱하게 하는도다 그가 나와 동침하고자 내게로 들어오므로 내가 크게 소리 질렀더니 15 그가 나의 소리 질러 부름을 듣고 그의 옷을 내게 버려두고 도망하여 나갔느니라 하고

인생의 내리막길에 있던 요셉에게 반전이 일어났습니다. 요셉은 주인에게 인정받았습니다. 바로의 신하 친위대장 보디발은 요셉을 가정 총무로 삼고 자신의 소유를 모두 위탁했습니다. 인생의 내리막길에 있던 요셉에게 오르막길이 나타났습니다. 요셉의 삶이 평안해졌습니다. 요셉은 매일 하나님께 감사하며 살았을 것입니다.

그런데 예기치 못한 일이 일어났습니다. 요셉의 인생이 또 급선회하는 듯합니다. 이제 좀 살 만해지니 다시 먹구름이 몰려왔습니다. 요셉이 잘못해서 이런 일을 겪는 것이 아닙니다. 요셉은 하나님의 말씀대로 살았습니다. 그랬기 때문에 요셉은 어려움을 겪게 되었습니다.

고난보다 무서운 유혹

요셉은 그냥 잘생긴 정도가 아닙니다. 성경은 그의 용모가 빼어나고 아름다웠다고 기록합니다(창 39:6). 요셉은 몸짱, 얼짱이었습니다.

요셉의 용모가 빼어난 것은 집안 내력이었던 것 같습니다. 요셉의 증조모 사라가 굉장히 미인이었습니다. 창세기 12장에 보면, 사라의 아리따움 때문에 아브라함은 애굽의 바로에게 그녀를 빼앗길 뻔했습니다. 요셉의 어머니 라헬 역시 미인이었습니다(창 29:17). 라헬이 탁월하게 아름다웠기 때문에 야곱은 그녀를 아내로 얻기 위해 7년을 며칠처럼 여겼습니다. 그러므로 요셉의 외모가 빼어난 것은 가계의 DNA 때문이라고 생각할 수 있습니다.

그러나 요셉의 지금 신분은 노예입니다. 그런 처지에 그의 훌륭한 외모가 문제될 것이라고 누구도 생각하지 못했을 것입니다. 그런데 요셉을 유혹하는 사람이 있었습니다. 막강한 힘을 가진 주인 보디발의 아내가 요셉을 유혹했습니다. 무려 그에게 동침하기를 청합니다(창 39:7). 처음에는 눈짓만 했습니다. 보디발의 아내는 눈짓으로 요셉을 유혹했습니다. 이처럼 눈짓이 무섭습니다. 욥은 "내가 내 눈과 약속하였나니 어찌 처녀에게 주목하랴"라고 말했습니다(욥 31:1). 욕망은 눈으로부터 시작합니다.

보디발의 아내가 하는 짓이 범상치 않습니다. 가볍게 유혹하는 것이 아닙니다. 보디발의 아내는 자신이 가진 권세를 이용했습니다. 요셉이 저항하기 어려울 정도로 요셉에게 다가왔습니다. 그에 비하면 요셉은 상대적으로 약자입니다. 이것은 '위력을 이용한, 강제성 있는 성추행'입니다. 그러나 요셉은 쉽게 넘어가지 않습니다.

이 집에는 나보다 큰 이가 없으며 주인이 아무것도 내게 금하지 아니하였어도 금한 것은 당신뿐이니 당신은 그의 아내임이라 그런즉 내 요셉은 단호하게 거절했습니다. 그런데도 보디발의 아내는 포기하지 않습니다. "여인이 날마다 요셉에게 청하였으나"라고 기록합니다(10절). 이것은 단순한 유혹이 아닙니다. 협박한 것입니다. 보디발의 아내는 집요했습니다. 노예에게 신분을 이용한 협박은 목숨과 직결됩니다. 이제 요셉은 위기 가운데 있습니다.

요셉은 두 가지 중 하나를 선택해야 합니다. 하나는 타협하는 것입니다. 보디발의 아내의 요구를 들어주는 것입니다. 잘못 생각하면 이것은 요셉에게 엄청난 기회일 수 있습니다. 주인은 물론 그 아내 마음까지 사로잡으면, 혹시 노예의 신분에서 벗어날 수 있을지 모릅니다. 모든 것을 마음대로 움직일 수 있습니다. 다른 하나는 거절하는 것입니다. 주인의 아내를 범하는 것은 죄입니다. 하나님 앞에서 부끄러운 일입니다. 그러나 그녀의 요구를 거절하면 요셉에게 고난이 시작될 것은 불 보듯 뻔합니다. 그렇다 하더라도 요셉은 주인 보디발과 약속한 것을 지켜야 합니다.

유혹과 시련은 갑자기 닥칩니다. 유혹과 시련이 닥치면, 사람들은 당황합니다. 이때 정신을 바짝 차려야 합니다. 그러지 않으면 실수합니다. 고난보다 무서운 것은 유혹입니다. 고난을 이겨 내는 사람은 많습니다. 그러나 유혹을 이겨 내는 것은 쉽지 않습니다.

다윗은 물맷돌 하나로 거인 골리앗을 넘어뜨렸습니다. 당시 다윗은 소년이었지만, 믿음의 용사였습니다. 그러나 밧세바와의 일에서는 실패했습니다. 다윗은 처참하게 무너졌습니다. 이때 다윗은 천하를 호령하는 왕이었습니다. 영웅으로 사는 것은 어렵지 않습니다. 그러나 일상 가운데 경험하는 작은 유혹을 이기는 것은 매우 어렵습니다.

성경학자들에 의하면, 보디발의 아내가 요셉을 유혹했을 때 요셉의 나이가 약 25세 정도 되었을 것으로 추정합니다. 혈기 왕성한 때입니다. 그리고 유혹을 이겨 내기 힘든 때입니다. 요셉은 성실하게 일하여 주인에게 인정받았습니다. 그러나 외로움은 어찌할 수 없습니다. 노예 생활은 힘들지만 주인이 시키는 대로만 하면 되니 어렵진 않습니다. 책임질 일이 없습니다. 그러나 요셉은 가정 총무의 자리까지 올라갔습니다. 이제 요셉은 주인의 소유뿐 아니라, 다른 노예들까지 신경 써야 했습니다. 모든 것을 책임지는 일은 힘듭니다. 스트레스가 적지 않습니다. 그럴수록 육체적, 정신적으로 피로합니다. 이때 유혹을 받기 쉽습니다.

내가 있는 이 곳이 하나님의 목전

요셉은 보디발 아내의 유혹을 거절했을 뿐 아니라 의도적으로 그녀를 멀리했습니다. 그런데도 보디발의 아내는 점점 더 교묘하게, 그리고 더 적극적으로 요셉을 유혹했습니다. 자신이 가진 권세를 이용하여 완전 범죄가 가능하도록 환경을 조성했습니다. 요셉이 빠져나갈 곳이 전혀 보이지 않습니다. 매우 위험합니다.

하루는 요셉이 일을 하러 보디발의 집으로 갔습니다. 그런데 집안에 사람이 아무도 없습니다. 그때 일이 벌어집니다.

> 그 여인이 그의 옷을 잡고 이르되 나와 동침하자 그러나 요셉이 자기의 옷을 그 여인의 손에 버려두고 밖으로 나가매 창 39:12

보디발의 아내가 요셉의 옷을 잡았습니다. 그러나 요셉은 옷을 버려두고 도망쳤습니다. 다른 방법이 없습니다. 이때 보디발의 아내를 설득하려고 해서는 안 됩니다. 이러한 때에는 신속히 피하는 것 외에 다른 묘책이 없습니다. 도망치는 것이 가장 올바른 방법입니다. 왜 피해야 합니까? 죄의 힘이 매우 강력하기 때문입니다. 머뭇거리다 보면 죄가 파고듭니다. 그렇게 되면 죄를 이기기 어렵습니다.

> 27 사람이 불을 품에 품고서야 어찌 그의 옷이 타지 아니하겠으며 28 사람이 숯불을 밟고서야 어찌 그의 발이 데지 아니하겠느냐
> 잠 6:27-28

불은 매우 위험합니다. 작은 불씨가 큰불이 되어 모든 것을 태워 버립니다. 작은 불씨를 대수롭지 않게 여겨서는 안 됩니다. 이와 마찬가지로 일상에서 경험하는 작은 유혹을 조심해야 합니다. 유혹은 사람을 한순간에 침몰시킬 수 있습니다. 불은 멀리 할수록 좋습니다. 유혹을 받으면, 단호히 거절해야 합니다. 그 외의 다른 방법이 없습니다. 자신을 과신해서는 안 됩니다.

하나님이 요셉과 함께하셨습니다. 요셉은 하나님의 임재 가운데 살았습니다. 요셉의 일터는 '하나님의 목전(目前)'이었습니다. 내가 일하는 곳이 성소(聖所)입니다. 내가 하는 일이 성직(聖職)입니다. 교회에 있을 때만 하나님이 나와 함께하시는 것이 아닙니다. 매 순간 나와 함께하시는 하나님은 내가 일하는 삶의 현장에서도 함께하십니다. 임마누엘의 하나님이십니다.

하나님이 요셉과 함께하시는 것을 보디발은 알았습니다. 하나님이 아니면 설명할 수 없는 일이 요셉의 삶에 일어나는 것을 보디발은 보았습니다. 그런데 요셉이 어떻게 하나님을 배신할 수 있겠습니까? 요셉은 신전의식(神前意識)이 있었습니다. 신전의식이 매우 중요합니다. 매 순간 하나님 앞에 있다고 생각해야 합니다. 신전의식을 가지고 살아야 합니다.

죄와 타협하지 말라

보디발의 아내가 요셉을 한두 번 유혹한 것이 아닙니다. 그런데 요셉은 영적으로 항상 깨어 있었기 때문에 보디발의 아내가 유혹할 때마다 거절할 수 있었습니다. 우리도 마찬가지입니다. 일상 가운데 믿음으로 무장해야 합니다. 그렇게 하지 않으면 쉽게 무너질 수 있습니다.

요셉은 보디발의 아내에게 "내가 어찌 이 큰 악을 행하여 하나님께 죄를 지으리이까"라고 말했습니다(창 39:9). 여기서 죄에 대한 요셉의 생각을 알 수 있습니다. 요셉은 죄를 작게 여기지 않았습니다. 죄를 짓는 것을 큰 악을 행하는 것으로 여겼습니다. 사탄은 죄를 축소합니다. 사람들도 마찬가지입니다. 죄를 실수로 여깁니다. 그래서 아무렇지도 않게 죄를 짓습니다. 죄를 짓고도 죄책감이 전혀 없습니다. 그런데 죄를 짓는 것은 결코 작은 일이 아닙니다. 죄짓는 것을 대수롭지 않게 여겨서는 안 됩니다.

다윗은 자신이 밧세바를 범한 것이 경미한 사건으로 끝날 줄 알았습니다. 다윗은 왕이었습니다. 다윗은 가진 권세로 자신의 죄를 덮어 버릴 수 있다고 생각했을 것입니다. 그래서 그는 죄를 범한 이후, 용의주도하게 행동했습니다. 그러나 죄는 숨겨지지 않았습니다. 왕의 권세로도 죄를 덮을 수 없었습니다. 완전 범죄는 없습니다. 죄는 반드시 드러납니다. 죄를 지은 사람은 반드시 대가를 치릅니다.

죄를 짓는 것은 결코 작은 일이 아닙니다. 죄는 무서운 힘이 있습니다. 죄는 삶을 한순간에 망가뜨립니다. 죄로 인해 삶이 망가진 사람이 많습니다. 다윗의 범죄로 인해 다윗 왕가가 흔들렸습니다. 다윗의 자녀들이 악을 행했습니다. 큰 죄, 작은 죄는 없습니다. 죄는 다 큽니다. 범죄는 심각한 일입니다. 하나님의 아들 예수님이 우리를 대신하여 십자가에 못 박혀 죽으실 만큼 죄는 심각한 것입니다.

요셉은 자신이 보디발의 아내의 유혹을 거절하여 시련을 겪을 것을 알고 있었습니다. 혹독한 고난을 겪게 될 것이라고 생각했습니다. 요셉은 형들에 의해 애굽에 온 후, 이제 삶이 안정되었습니다. 그런데 시련이 다시 시작될 위기입니다. 그렇다고 유혹을 받아들이면 요셉은 더 큰 어려움을 겪을 수 있습니다. 요셉은 그것을 알았습니다. 유혹을 거절하여 겪는 시련은 엄청나지만, 유혹을 받아들이면 더 큰 어려움이 옵니다.

죄는 하나님을 무시하는 것입니다. 하나님을 무시하고 거부해야 죄를 지을 수 있습니다. 하나님을 외면하는 순간, 사물이 다르게 보입니다. 죄를 짓는 사람은 하나님을 무시하고 죄짓는 자신을 아주 멋지다 생각합니다. 선악을 알게 하는 나무의 열매를 따 먹은 아담과 하와가 그러했습니다.

죄를 지은 사람들은 환경을 탓합니다. 사람을 원망합니다. 죄를 지을 수밖에 없는 상황이었다고 변명합니다. 그런데 환경과 상황 때문에 죄를 짓는 것이 아닙니다. 물론 환경과 상황의 영향이 전혀 없는 것은 아닙니다. 그러나 사람이 죄를 짓는 진짜 이유는 마음으로 그 죄를 받아들였기 때문입니다.

형통할 때 찾아오는 유혹

그 여인이 요셉이 그의 옷을 자기 손에 버려두고 도망하여 나감을 보고 창 39:13

보디발의 아내가 요셉의 옷을 붙잡았습니다. 이때 요셉은 옷을 버려두고 도망할 수밖에 없었습니다. 보디발의 아내는 분노했습니다. 자기가 원하는 대로 되지 않자 요셉을 증오했습니다. 요셉을 유혹하던 눈에 살의가 가득했습니다. 이제 모든 것이 보디발의 아내에 의해 조작됩니다.

보디발은 바로의 친위대장이었습니다. 권력자였습니다. 보디발의 아내는 자신의 권력을 이용하여 모든 일을 자기 마음대로 조작했습니다. 말도 안 되는 거짓 진술을 했습니다. 요셉을 주인의 아내를 범하려고 한 성추행범으로 몰았습니다. 그녀는 무고한 사람을 한순간에 파렴치범으로 만들었습니다. 이로 인해 요셉은 감옥으로 갑니다.

당시 고대사회에서는 노예가 권력자의 아내를 범했을 경우, 감옥으로 가지 않습니다. 바로 사형을 집행합니다. 그런데 요셉은 감옥으로 갔습니다. 우리는 여기서 보디발의 생각을 짐작할 수 있습니다. 보디발은 자기 아내가 어떤 사람인가를 알았습니다. 어쩌면 아내보다 요셉을 더 믿었을지 모릅니다.

> 이에 요셉의 주인이 그를 잡아 옥에 가두니 그 옥은 왕의 죄수를 가두는 곳이었더라 요셉이 옥에 갇혔으나 창 39:20

요셉이 보디발의 아내의 유혹을 거절한 것의 대가는 매우 컸습니다. 그러나 죄의 유혹을 받아들인 대가를 치르는 것보다 유혹을 거절한 대가를 치르는 것이 낫습니다. 죄의 유혹을 거부한 것에 대한 보상이 즉각 주어지는 것은 아닙니다. 그러나 하나님은 아십니다.

요셉이 시련을 겪는 것은 이해하기 어렵습니다. 요셉이 처한 상황만 보면 절망하지 않을 수 없습니다. 아무것도 보이지 않는 듯합니다. 그러나 우리는 요셉의 삶 속에 역사하시는 하나님을 발견해야 합니다. 하나님을 볼 수 있어야 합니다.

살다 보면, 잘못한 것이 없는데, 고난을 겪을 때가 있습니다. 하나님의 말씀대로 살려고 하는데, 좋은 일은커녕 어려움을 겪을 때가 있습니다. 하나님의 말씀대로 사는 것이 쉽지 않습니다. 때로는 혹독한 대가를 치러야 합니다. 세상이 악하기 때문입니다. 그러므로 각오해야 합니다.

요셉에게 유혹이 찾아온 것은 그가 보디발에게 인정받고 삶이 형통해 보일 때였습니다. 이처럼 삶이 형통할 때, 시련이 없을 때, 유혹을 경험하는 경우가 많습니다. 그러므로 모든 것이 순탄할 때는 조심해야 합니다. 다윗도 마찬가지입니다. 태평성대를 누리던 때, 권력의 정점에 이르렀을 때, 다윗은 밧세바를 범하는 죄를 저질렀습니다. 왕인 다윗이 직접 전쟁터에 나가지 않아도 되니 마음이 해이해졌습니다. 그래서 다윗은 한순간에 죄를 범하고 말았습니다. 다윗이 직접 전쟁터에 나가야 했을 때에는 상상할 수 없는 일입니다.

오늘날 우리나라는 전 세계가 놀랄 만큼 빠르게 경제적 성장을 이루었습니다. 이제는 삶이 편안합니다. 이때 조심해야 합니다. 번영을 유지하는 것은 매우 어렵습니다. 무엇인가 이루었을 때 조심해야 합니다.

고난은 우리의 영혼을 깨어 있게 합니다. 그러나 유혹은 우리의 영혼을 잠들게 합니다. 고난 가운데 있을 때에는 돈과 시간이 없습니다. 돈과 시간이 없으면 활동 반경이 제한적입니다. 그런데 돈과 시간이 생기면 말이 달라집니다. 딴 생각을 하게 됩니다.

지금 우리는 성적 유혹이 범람하는 시대를 살고 있습니다. 타락한 세상의 문화는 성적으로 문란합니다. 죄를 지으면서도

가책을 느끼지 않습니다. 보디발의 아내는 죄를 지으면서도 대범했습니다. 지금 이 시대는 그 이상입니다. 그러므로 영적으로 깨어 있지 않으면, 믿음을 지키기 어렵습니다.

> [13] 사람이 시험을 받을 때에 내가 하나님께 시험을 받는다 하지 말지니 하나님은 악에게 시험을 받지도 아니하시고 친히 아무도 시험하지 아니하시느니라 [14] 오직 각 사람이 시험을 받는 것은 자기 욕심에 끌려 미혹됨이니 약 1:13-14

유혹을 받아 넘어졌다고 해서 유혹한 사람을 탓할 수 없습니다. 유혹에 넘어간 사람 잘못입니다. 우리는 연약합니다. 유혹을 받기 쉽습니다. 그러므로 우리는 죽을 때까지 조심해야 합니다.

유혹을 이길 힘은 하나님의 은혜뿐

우리는 죄악이 가득한 세상에서 살고 있습니다. 우리를 유혹하는 것이 곳곳에 있습니다. 우리를 넘어뜨리려고 합니다. 오늘날은 TV, 인터넷 등을 통해 우리를 유혹합니다. 이것이 오늘날의 문화입니다. 유혹은 치명적이요 파괴적입니다. 그러므로 우리를 유혹하는 것과 매일 싸워야 합니다. 영혼을 계속해서 점검해야 합니다. 지금 우리는 마지막 때를 살고 있습니다. 그리스도인은 영적 순결을 지켜야 합니다. 거룩을 생명처럼 지켜야 합니다. 영적으로 순결하지 않은 그리스도인, 거룩하지 않은 그리스도인은 아무것도 할 수 없습니다.

세상의 유혹을 막을 수는 없습니다. 유혹을 이겨야 합니다. 유혹을 이길 힘이 없으면, 유혹을 받을 수밖에 없습니다. 유혹을 이길 힘을 기르려면, 하나님의 은혜가 필요합니다. 하나님이 이기게 해주셔야 우리가 유혹을 이길 수 있습니다. 그러므로 우리는 하나님께 사로잡혀야 합니다.

우리는 하나님 안에 거해야 합니다. 하나님 안에 거하며 하나님과의 관계가 날마다 깊어져야 합니다. 하나님 안에서 만족과 기쁨을 누려야 합니다. 하나님이 우리를 도우셨기 때문에, 보호하셨기 때문에 우리가 지금까지 살 수 있었습니다. 그러므로 우리는 겸손해야 합니다. 매 순간 하나님을 의지하며 살아야 합니다.

마귀는 우리를 가만히 두지 않습니다. 그러므로 항상 깨어 있어야 합니다. 날마다 하나님 앞에 납작 엎드려야 합니다. 우리는 하나님의 은혜가 필요합니다. 그러므로 날마다 하나님의 도움을 구해야 합니다. 하나님의 은혜를 구해야 합니다. 하나님의 긍휼을 구해야 합니다. 하나님의 목전에 있어야 합니다.

5.

고난 속에
하나님이 계시다

창세기 40:12-23

¹²요셉이 그에게 이르되 그 해석이 이러하니 세 가지는 사흘이라 ¹³지금부터 사흘 안에 바로가 당신의 머리를 들고 당신의 전직을 회복시키리니 당신이 그 전에 술 맡은 자가 되었을 때에 하던 것 같이 바로의 잔을 그의 손에 드리게 되리이다 ¹⁴당신이 잘 되시거든 나를 생각하고 내게 은혜를 베풀어서 내 사정을 바로에게 아뢰어 이 집에서 나를 건져 주소서 ¹⁵나는 히브리 땅에서 끌려온 자요 여기서도 옥에 갇힐 일은 행하지 아니하였나이다 ¹⁶떡 굽는 관원장이 그 해석이 좋은 것을 보고 요셉에게 이르되 나도 꿈에 보니 흰 떡 세 광주리가 내 머리에 있고 ¹⁷맨 윗광주리에 바로를 위하여 만든 각종 구운 음식이 있는데 새들이 내 머리의 광주리에서 그것을 먹더라 ¹⁸요셉이 대답하여 이르되 그 해석은 이러하니 세 광주리는 사흘이라 ¹⁹지금부터 사흘 안에 바로가 당신의 머리를 들고 당신을 나무에 달리니 새들이 당신의 고기를 뜯어 먹으리이다 하더니 ²⁰제삼일은 바로의 생일이라 바로가 그의 모든 신하를 위하여 잔치를 베풀 때에 술 맡은 관원장과 떡 굽는 관원장에게 그의 신하들 중에 머리를 들게 하니라 ²¹바로의 술 맡은 관원장은 전직을 회복하매 그가 잔을 바로의 손에 받들어 드렸고 ²²떡 굽는 관원장은 매달리니 요셉이 그들에게 해석함과 같이 되었으나 ²³술 맡은 관원장이 요셉을 기억하지 못하고 그를 잊었더라

사람들은 '선을 행하면 보상을 받고, 악을 행하면 그만큼의 대가를 치른다'라는 삶의 공식을 갖고 살아갑니다. 그래서 사람들은 남에게 베풀고 착하게 대하면 좋은 일이 일어날 것이라고 생각합니다. 그런데 삶은 공식대로 되지 않습니다.

요셉은 선을 행함으로 유혹을 이겼습니다. 하나님 앞에 죄를 범하지 않았습니다. 보디발과의 약속을 지켰습니다. 그런데도 요셉은 누명을 쓰고, 불명예스러운 죄목으로 감옥에 들어갔습니다. 이렇게 삶이 예상한 대로 되지 않을 때가 있습니다.

시간이 갈수록 요셉의 삶은 더욱 힘들어지는 듯합니다. 죄를 지었으면 죗값을 치르는 것이 당연합니다. 그런데 요셉은 감옥에 들어갈 만한 죄를 범하지 않았습니다. 요셉은 보디발의 아내로부터 모함을 받아 감옥에 들어갔습니다.

잘못한 것이 없는데, 누명을 쓴 적 있습니까? 욕 들을 만한 일을 하지 않았는데 비난 받은 적이 있습니까? 다른 사람이 지은 죄를 대신 책임진 적 있습니까? 누명을 썼을 때, 욕을 들었을 때, 죄를 대신 책임졌을 때의 기분은 직접 당하지 않으면 알 수 없습니다. 억울한 일은 마음에 상처가 됩니다. 한이 됩니다. 그래서 사람은 억울하면 분노합니다. 심한 경우, 약을 먹지 않으면 잠을 이루지 못합니다. 이렇게 억울한 일을 당했을 때 어떻게 대처하는가가 매우 중요합니다.

사람에게 기대하는 어리석음

요셉의 삶은 파란만장합니다. 요셉의 꿈 이야기를 들은 형들은 "그의 꿈이 어떻게 되는지를 우리가 볼 것이니라"고 말했습니다(창 37:20). 형들은 요셉의 꿈을 경멸했습니다. 그런데 지금 요셉의 상황을 보면, 형들 생각이 옳은 듯합니다. 노예로 팔려 온 것도 모자라 누명을 쓰고 감옥에 들어왔습니다. 요셉의 삶에 고난이 끊이지 않고 계속 이어졌습니다. 하나의 고난이 끝나자, 또 다른 고난이 시작되었습니다. 마치 고난의 바다 한가운데 있는 듯합니다. 고난이 끝날 듯 끝나지 않고 계속되었습니다. 고난에서 벗어날 길이 보이지 않습니다.

보디발의 집에서 가정 총무가 되었을 때, 요셉은 고난이 이제 끝날 것이라고 생각했을 것입니다. 그러나 예상하지 못한 일이 일어났습니다. 감옥에 들어간 요셉은 모든 것이 멈춘 듯했을 것입니다. 요셉은 '내가 왜 여기 있나'라고 생각했을 것입니다. 억울한 누명이라 해도 고위 관리의 아내를 성추행한 죄인은 중형을 받아야 합니다. 이제 요셉은 감옥에서 나가는 것이 쉽지 않을 것입니다. 형이 끝나고 감옥에서 나온다고 해도 요셉은 범죄한 노예입니다. 이제 요셉의 삶은 완전히 깨어졌다고 할 수 있습니다.

그렇다면 요셉의 이야기는 여기서 끝나야 합니다. 그런데 이야기는 이제 새로운 국면을 맞이합니다.

²¹ 여호와께서 요셉과 함께 하시고 그에게 인자를 더하사 간수장에게 은혜를 받게 하시매… ²³ … 이는 여호와께서 요셉과 함께 하심이라 여호와께서 그를 범사에 형통하게 하셨더라 창 39:21-23

요셉은 감옥 안에서도 사람들의 신임을 받았습니다. 하나님이 요셉과 함께하셨기 때문입니다. 더욱 놀라운 일은 이제부터입니다.

¹ 그 후에 애굽 왕의 술 맡은 자와 떡 굽는 자가 그들의 주인 애굽 왕에게 범죄한지라 ² 바로가 그 두 관원장 곧 술 맡은 관원장과 떡 굽는 관원장에게 노하여 ³ 그들을 친위대장의 집 안에 있는 옥에 가두니 곧 요셉이 갇힌 곳이라 창 40:1-3

애굽 왕의 술 맡은 자와 떡 굽는 자가 왕에게 죄를 범했습니다. 술 맡은 자와 떡 굽는 자는 왕의 최측근이었습니다. 그런 이들이 죄를 짓고 요셉이 갇혀 있는 감옥에 왔습니다. 하루는 두 사람이 동시에 각기 다른 내용의 꿈을 꾸었는데 그 의미를 알 수 없었습니다. 이때 요셉이 그들의 꿈을 해석해 주었습니다.

그들이 그에게 이르되 우리가 꿈을 꾸었으나 이를 해석할 자가 없도다 요셉이 그들에게 이르되 해석은 하나님께 있지 아니하니이까 청하건대 내게 이르소서 창 40:8

요셉은 꿈과 관련한 일을 많이 겪었습니다. 꿈 때문에 형들의 미움을 받았습니다. 지금은 감옥 안에서 왕의 신하들이 꾼 꿈을 해석해 줍니다. 이 모든 일에 하나님이 개입하셨습니다. 두 관원장에게 꿈을 꾸게 하신 분도 하나님이고, 요셉에게 꿈을 해석하는 능력을 주신 분도 하나님입니다.

놀랍게도 요셉은 술 맡은 관원장의 꿈이 전직을 회복하게 될 꿈이라고 해석했습니다. 요셉은 그에게 "당신이 잘 되시거든 나를 생각하고 내게 은혜를 베풀어서 내 사정을 바로에게 아뢰어 이 집에서 나를 건져 주소서"라고 말했습니다(창 40:14). 요셉의 해석대로 술 맡은 관원장은 전직을 회복했습니다. 요셉은 뭔가 기대했을 것입니다. 그런데 아무 일도 일어나지 않았습니다. 술 맡은 관원장이 요셉을 잊었습니다. 요셉의 소망은 깨어진 듯합니다.

사람들은 은혜를 쉽게 잊습니다. 급할 때에는 도움을 구합니다. 그러나 문제가 해결되고 나면, 도와준 사람을 잊습니다. 술 맡은 관원장도 그랬습니다. 감옥에서 꿈을 해석하지 못할 때는 답답하여 요셉의 도움을 받았지만, 꿈대로 복직한 후에는 요셉을 잊었습니다.

이것은 세상에서 흔한 일입니다. 사람에게 무엇인가 기대합니다. 그리고 그가 나를 구원하기를 간절히 기다립니다. 그런데 상대방은 전혀 생각하지 않습니다. 이처럼 사람의 마음은 쉽게 변합니다. 그러므로 사람에게 뭔가 기대하는 것은 어리석은 것입니다. 사람의 기억력은 믿을 수 없습니다. 기록했다고 해도, 기록한 사실을 잊습니다. 그리고 나중에는 기록한 노트마저 잃어버립니다.

그러므로 사람에게는 아무것도 기대하지 말아야 합니다. 그저 사랑을 베풀어야 합니다. 아무것도 기대하지 않는 것이 바람직합니다.

우리를 단련시키는 인생의 용광로

누구나 어려운 일을 겪습니다. 그러나 상황이 나아질 것이라고 기대하기 때문에 견딥니다. 어려움이 클수록 희망이 커집니다. 저녁에는 절망하며 잠자리에 드러눕습니다. 죽고 싶습니다. 그러나 아침이 되면 다시 소망을 품고 일어납니다. 소망할 수 있다는 것은 좋은 일입니다. 소망이 있으면, 살아갈 수 있습니다.

그런데 살다 보면 희망을 포기해야 하는 때가 있습니다. 기대와 소망이 깨어지는 때가 있습니다. 더 이상 소망할 이유가 없다는 것을 깨닫습니다. 지금 요셉이 그런 상황 속에 있습니다. 요셉은 술 맡은 관원장을 향한 기대가 의미 없다는 사실을 깨달았습니다. 지금 요셉은 감옥에 버려진 듯합니다. 희망의 불씨가 꺼져 버린 듯합니다. 요셉은 삶의 의욕을 모두 잃었습니다.

지금 요셉은 살아오면서 가장 힘든 시간을 보내고 있습니다. 요셉은 감옥에서 사람들에게 잊혔습니다. 아무도 그를 기억하지 않았습니다. 누가 요셉을 기억하겠습니까? 감옥생활을 하는 것보다 더 힘든 것은 사람들에게 잊힌 존재가 되는 것입니다. 이것은 마치 버려진 것입니다. 누군가에게 버림받는다는 것은 비참합니다. 더 이상 희망을 가질 수도 없습니다. 모든 것이 끝난 듯합니다.

이때 할 수 있는 것은 없습니다. 이때는 그냥 기다려야 합니다. 하나님의 때를 기다려야 합니다. 그런데 기다리는 것은 쉽지 않습니다. 살면서 경험하는 힘든 일 중 하나가 기다리는 것입니다. 기다리다가 지칩니다. 언제까지 기다려야 하는지를 알지 못하기 때문입니다. 그래서 기다림에 실패하는 사람이 많습니다. 기다림은 고통입니다. 기다린다기보다 고통 속에서 참는다고 하는 것이 적절한 표현입니다. 고통을 완화하는 방법은 없습니다. 고통을 피할 수도 없습니다. 그러므로 고통은 반드시 겪어야 합니다.

감옥은 어둠 속입니다. 어둠 속에 갇혀 있으면 아무런 일도 일어나지 않을 것 같습니다. 사람들은 이러한 때를 무의미하게 생각합니다. 그래서 벗어나기를 바랍니다. 그러나 결코 무의미한 시간이 아닙니다. 인생에 이러한 때를 반드시 경험해야 합니다. 우리는 인생의 내리막길에서 어디까지 내려가야 하는지 알수 없습니다. 그러나 하나님은 그것을 아십니다. 우리가 생각하기에는 하나님이 요셉이 인생의 내리막길을 가도록 내버려두시는 듯합니다. 분명한 것은 이 내리막길조차 하나님의 계획 속에 있다는 것입니다.

> [17] 그가 한 사람을 앞서 보내셨음이여 요셉이 종으로 팔렸도다 [18] 그의 발은 차꼬를 차고 그의 몸은 쇠사슬에 매였으니 [19] 곧 여호와의 말씀이 응할 때까지라 그의 말씀이 그를 단련하였도다 시 105:17-19

요셉은 용광로 같은 고난 가운데 들어갔습니다. 하나님은 고난을 통해 요셉이 어떠한 시련에도 흔들리지 않는 강인한 영혼을 소유하게 하셨습니다. 시련을 통해 요셉의 영혼은 강해졌습니다. 하나님은 고난의 시간, 인고의 시간을 통해 요셉을 단련하기 원하셨습니다.

고난을 통한 단련은 혹독합니다. 고난을 통해 단련되는 시간은 매우 힘듭니다. 소망할 만한 것, 기대할 만한 것이 전혀 보이지 않습니다. 칠흑같이 어두운 시간입니다. 광야에 홀로 내버려진 듯합니다. 하나님이 계시지 않는 듯합니다. 그런데 영혼은 시련을 통해서만 단련됩니다. 어두운 시간을 통해 단련됩니다. 용광로와 같은 시련을 통해 단련됩니다. 시련을 경험하지 않으면, 단련될 수 없습니다. 평안한 때에는 단련할 수 없습니다. 네덜란드의 신학자 아브라함 카이퍼(Abraham Kuyper)는 "형통과 쾌락은 사람을 하나님과 가까워지게 하지 않는다"라고 말했습니다. 고통을 겪을 때, 고통을 통해 깨닫는 것이 있습니다. 고난을 통해 하나님의 은혜를 경험합니다.

자원하여 용광로 속으로 뛰어드는 사람은 없습니다. 이와 마찬가지로 고난과 단련의 시간은 우리의 의지와 상관없이 찾아옵니다. 거기다 단련은 하루아침에 끝나지 않습니다. 충분한 과정을 거쳐야 합니다. 여호와의 말씀이 응할 때까지, 하나님의 말씀이 이루어질 때까지 단련되어야 합니다. 하나님은 하나님의 때까지 우리를 단련하십니다. 언제 말씀이 이루어지는지는 오직 하나님만 아십니다. 그러므로 우리는 하나님의 때를 기다려야 합니다.

사람이 기억해 주기를 기다려서는 안 됩니다. 하나님이 기억해 주시기를 기다려야 합니다. 그러므로 우리는 항상 겸손해야 합니다. 최선의 때는 하나님이 조정하십니다. 모든 것이 하나님 손에 있습니다. 이것이 하나님의 섭리입니다.

그러나 내가 가는 길을 그가 아시나니 그가 나를 단련하신 후에는 내가 순금같이 되어 나오리라 욥 23:10

하나님이 우리를 단련하시는 데에는 하나님의 뜻이 있습니다. 하나님은 시련을 통해 우리를 강하게 하십니다. 하나님은 시련을 통해 우리의 인격을 다듬으십니다. 우리의 자아를 깨뜨리십니다. 우리 안에 있는 불순물을 제거하십니다. 하나님은 우리를 단련하신 만큼 우리를 사용하십니다. 걸작품은 쉽게 만들어지지 않습니다.

사람들은 편한 길을 가고 싶어 합니다. 편하게 살고 싶어서 예수님을 믿는 사람도 있습니다. 그것은 올바른 생각이 아닙니다. 예수님을 믿는 사람은 편한 삶을 포기해야 합니다. 편하게 사는 것이 삶의 목표가 되어서는 안 됩니다. 하나님은 시련을 통해 우리를 하나님의 걸작이 되게 하십니다.

반드시 찾아올 하나님의 때

우리는 하나님이 우리를 인도하시는 것에 감사합니다. 하나님의 인도를 기대합니다. 그런데 하나님은 우리가 원하는 대로 인도하시지 않습니다. 때로는 우리가 원하는 것과는 전혀 다르게 인도하십니다. 그래서 우리는 하나님을 가혹한 분으로 생각할 때가 있습니다. 마음대로 하신다고 생각합니다. 그러나 하나님은 목적을 가지고 우리를 인도하십니다. 멀리 내다보고 우리를 인도하십니다. 때로는 하나님이 우리를 힘들고 어려운 길로 인도하시기도 합니다. 그 길에서 우리를 단련하십니다.

하나님은 술 맡은 관원장에게 꿈을 꾸게 하셨습니다. 그리고 요셉이 술 맡은 관원장의 꿈을 해석하게 하셨습니다. 그렇다면 술 맡은 관원장이 복직했을 때, 요셉을 기억하게 하셨어야 합니다. 그런데 하나님은 술 맡은 관원장이 요셉을 잊게 하셨습니다. 그 이유가 무엇일까요? 하나님은 요셉을 감옥에 오래 두려고 작정하셨습니다. 하나님이 의도하신 것이 있었습니다. 사람은 잊었지만 하나님은 요셉을 잊지 않으셨습니다. 하나님은 요셉을 감옥에 방치하지 않으셨습니다.

만약 술 맡은 관원장이 요셉을 잊지 않고 힘써 주어 감옥에서 일찍 꺼내 주었다면 어떻게 되었을까요? 요셉의 삶이 전혀 다른 방향으로 흘러갔을 것입니다. 그러므로 조급하게 생각해서는 안 됩니다. 하나님보다 앞서가려고 해서는 안 됩니다. 하나님의 때가 있습니다. 신앙생활을 하면서 우리는 시간을 통해 일하시는 하나님을 배워야 합니다. 기다려야 하는 때에 기다리지 못하면 후유증을 겪습니다. 그러므로 성급하게 행동하는 것은 믿음의 행위가 아닙니다.

우리는 시련이 닥치면, 근시안이 되기 쉽습니다. 고통의 한복판에서는 마음이 조급해집니다. 자신이 겪는 고통과 시련에만 집중합니다. 문제가 하루빨리 해결되기를 바랍니다. 그러나 우리는 하나님의 큰 그림을 보아야 합니다. 하나님의 계획이 있다는 것을 알아야 합니다. 모든 것이 합력하여 선을 이루게 하시는 하나님을 신뢰해야 합니다.

우리가 알거니와 하나님을 사랑하는 자 곧 그의 뜻대로 부르심을 입은 자들에게는 모든 것이 합력하여 선을 이루느니라 롬 8:28

우리가 믿는 하나님은 완전하십니다. 만일 하나님이 실수하고 수습하시는 분이라면, 우리가 하나님을 신뢰할 수 있겠습니까? 하나님은 실수하시지 않습니다. 우리는 정확한 때에 역사하시는 하나님을 믿습니다. 우리는 완전하신 하나님을 신뢰합니다.

고통이 오랫동안 지속되면 힘들어집니다. 고통의 의미를 해석하기 어렵습니다. 고통에 익숙한 사람은 없습니다. 그러나 우리에게 고통을 겪게 하시는 하나님은 고통을 통해서도 일하십니다. 고통을 통해 우리는 다듬어집니다.

믿음의 주요 또 온전하게 하시는 이인 예수를 바라보자 그는 그 앞에 있는 기쁨을 위하여 십자가를 참으사 부끄러움을 개의치 아니하시더니 하나님 보좌 우편에 앉으셨느니라 히 12:2

예수님은 하나님의 아들이심에도 고통을 당하실 수밖에 없었습니다. 예수님은 십자가의 고통을 참으셨습니다. 예수님은 하나님 아버지께 모든 것을 맡기셨습니다. 이처럼 예수님의 십자가는 우리에게 놀라운 메시지를 줍니다.

마귀는 고난을 저주라고 생각하게 합니다. 마귀는 고통은 쓸데없는 것이라고 말합니다. 그래서 우리는 고난이 빨리 지나가기를 바랍니다. 현실을 부정하고 빨리 벗어나려고 합니다. 그러나 하나님은 고난을 통해 위대한 일을 행하십니다. 따라서 우리는 고난 중에도 예수님을 바라보아야 합니다. 고난 속에 숨어 있는 하나님의 뜻을 발견해야 합니다.

> ³ 다만 이뿐 아니라 우리가 환난 중에도 즐거워하나니 이는 환난은 인내를, ⁴ 인내는 연단을, 연단은 소망을 이루는 줄 앎이로다 ⁵ 소망이 우리를 부끄럽게 하지 아니함은 우리에게 주신 성령으로 말미암아 하나님의 사랑이 우리 마음에 부은 바 됨이니 롬 5:3-5

하나님은 십자가에 못 박히신 예수님의 고난을 줄여 주지 않으셨습니다. 예수님과 함께 고난을 겪으셨습니다. 하나님이 우리의 고난을 줄여 주시는 것은 아닙니다. 다만 하나님은 고난 가운데 우리와 함께하십니다.

우리는 하나님의 시간을 기다려야 합니다. 기다리는 것 또한 믿음의 행위입니다. 때가 차야 합니다. 하나님의 때가 차야 하나님의 작품이 완성됩니다. 인내는 단순히 참는 것이 아닙니다. 단순히 참기만 하면 상처만 남습니다. 우리는 하나님과 함께

인내해야 합니다. 우리가 고난을 겪을 때, 하나님은 우리와 함께 하십니다. 하나님은 우리와 함께 고난을 경험하십니다. 하나님은 우리가 고난을 이기게 하십니다. 하나님은 우리를 떠나시지 않으시며, 우리와 항상 함께하십니다. 이보다 확실한 것은 없습니다.

6.

때가 되면
옥문을 여신다

²⁹ 온 애굽 땅에 일곱 해 큰 풍년이 있겠고 ³⁰ 후에 일곱 해 흉년이 들므로 애굽 땅에 있던 풍년을 다 잊어버리게 되고 이 땅이 그 기근으로 망하리니 ³¹ 후에 든 그 흉년이 너무 심하므로 이전 풍년을 이 땅에서 기억하지 못하게 되리이다 ³² 바로께서 꿈을 두 번 겹쳐 꾸신 것은 하나님이 이 일을 정하셨음이라 하나님이 속히 행하시리니 ³³ 이제 바로께서는 명철하고 지혜 있는 사람을 택하여 애굽 땅을 다스리게 하시고 ³⁴ 바로께서는 또 이같이 행하사 나라 안에 감독관들을 두어 그 일곱 해 풍년에 애굽 땅의 오분의 일을 거두되 ³⁵ 그들로 장차 올 풍년의 모든 곡물을 거두고 그 곡물을 바로의 손에 돌려 양식을 위하여 각 성읍에 쌓아 두게 하소서 ³⁶ 이와 같이 그 곡물을 이 땅에 저장하여 애굽 땅에 임할 일곱 해 흉년에 대비하시면 땅이 이 흉년으로 말미암아 망하지 아니하리이다 ³⁷ 바로와 그의 모든 신하가 이 일을 좋게 여긴지라 ³⁸ 바로가 그의 신하들에게 이르되 이와 같이 하나님의 영에 감동된 사람을 우리가 어찌 찾을 수 있으리요 하고 ³⁹ 요셉에게 이르되 하나님이 이 모든 것을 네게 보이셨으니 너와 같이 명철하고 지혜 있는 자가 없도다 ⁴⁰ 너는 내 집을 다스리라 내 백성이 다 네 명령에 복종하리니 내가 너보다 높은 것은 내 왕좌뿐이니라 ⁴¹ 바로가 또 요셉에게 이르되 내가 너를 애굽 온 땅의 총리가 되게 하노라 하고

술 맡은 관원장이 복직하고 세월이 흘렀습니다. 요셉은 여전히 감옥 안에 있습니다. 요셉의 삶 곳곳이 엉킬 대로 엉켜 버렸습니다.

그러다가 창세기 41장에 와서 새로운 국면이 펼쳐집니다. 바로가 꿈을 꾸었습니다. 일곱 암소, 일곱 이삭과 관련된 두 편의 꿈입니다. 내용이 비슷해 보입니다. 그런데 이 꿈을 꾸고 바로의 마음이 복잡해졌습니다. 애굽의 점술가들과 현인들을 불러 꿈을 이야기했으나, 해석하는 사람이 없었습니다.

그제야 술 맡은 관원장이 감옥에서 만났던 요셉을 기억해 냅니다. 바로 앞에서 "내가 오늘 내 죄를 기억하나이다" 하면서 요셉 이야기를 꺼냅니다(창 41:9).

요셉조차 더는 기대하지 않을 것 같은 이때 갑자기 사건이 빠르게 진행됩니다. 바로는 사람을 보내어 요셉을 불렀습니다. 요셉은 수염을 깎고, 옷을 갈아입고 바로 앞에 섰습니다(창 41:14). 출옥하기 전 상황을 보니 요셉이 감옥에 오랫동안 있었다는 것을 알 수 있습니다. 갑작스러운 일입니다.

그러나 이 모든 것이 하나님의 작품입니다. 인간의 눈으로는 바로가 요셉을 감옥에서 불러냈다고 생각할 수 있습니다. 그러나 하나님이 요셉을 바로 앞에 서게 하셨습니다. 더 시간을 거슬러 올라가, 요셉이 형들에 의해 노예로 팔려 왔을 때부터 지금까지, 그 파란만장한 인생 이야기가 우연히 일어난 일일까요?

그렇지 않습니다. 여기엔 우연이 없습니다. 요셉을 구덩이에서 건져내신 분, 요셉을 감옥에서 불러내신 분은 하나님이십니다. 요셉이 감옥에 있었던 것, 바로가 두 편의 꿈을 꾼 것, 애굽의 점술가와 현인들이 바로의 꿈을 해석하지 못한 것, 술 맡은 관원장이 요셉을 기억한 것 등 모든 사건 가운데 하나님이 개입하셨습니다.

흥망성쇠는 하나님 손에

하나님은 요셉에게 꿈을 꾸게 하셨습니다. 그리고 요셉이 꾼 꿈을 성실하게 이루어 가셨습니다. 요셉이 그 사실을 몰랐을 뿐입니다. 신실하신 하나님은 요셉을 신실하게 돌보셨습니다. 술 맡은 관원장이 요셉을 기억하지 못했을 때에도 하나님은 요셉을 돌보셨습니다. 하나님은 바로에게 요셉을 찾게 하셨습니다. 하나님은 요셉을 감옥에서 나오게 하시고 바로 앞에 서게 하셨습니다. 이처럼 모든 일 가운데 하나님이 역사하셨습니다. 하나님이 이야기를 이끌어 가십니다. 하나님이 역사하지 않으셨다면, 이런 일이 일어날 수 없습니다.

만약 요셉이 감옥에 들어가지 않았다면 왕의 관원들을 만날 수 없었을 것입니다. 왕 앞에 서는 일도 없었을 것입니다. 한낱 노예 신분으로 왕 앞에 선다는 것은 불가능한 일입니다. 죄수가 되어서는 더더욱 상상할 수 없는 일입니다. 그런데 그 상상하기 어려운 일이 실제로 일어났습니다. 이처럼 하나님이 하시는 일은 참으로 놀랍습니다.

우리가 사는 세상의 모습도 마치 바로와 같습니다. 그는 자기가 꾼 꿈을 해석할 수 없어 매우 답답했습니다. 꿈으로 인해 번민했습니다. 바로는 애굽을 다스리는 왕이었습니다. 고대사회에서 왕은 매우 특별한 존재였습니다. 사람들은 왕을 신처럼 여기고 추앙했습니다. 바로는 자신이 대단한 권세를 가진 줄 알았습니다. 그런데 해석되지 않는 꿈 하나가 그를 괴롭게 했습니다. 오죽했으면 감옥 안에 있는 죄수를 불러냈을까요.

바로가 요셉에게 "내가 한 꿈을 꾸었으나 그것을 해석하는 자가 없더니 들은즉 너는 꿈을 들으면 능히 푼다 하더라"고 말했습니다(창 41:15). 이에 요셉이 "내가 아니라 하나님께서 바로에게 편안한 대답을 하시리이다"라고 답합니다(창 41:16). 매우 진실하고 겸손한 대답입니다. 이것이 사실입니다. 요셉은 하나님이 자신에게 알려 주시는 만큼만 말할 수 있습니다. 모든 것은 하나님이 하십니다. 요셉은 하나님이 쓰시는 도구에 불과합니다. 요셉은 애굽의 바로 앞에서 하나님을 드러냈습니다.

요셉은 자신의 능력을 믿지 않았습니다. 오직 하나님을 믿었습니다. 그래서 요셉은 바로 앞에서도 당당할 수 있었습니다.

꿈을 해석하다가 왕의 비위를 상하게 하면 죽을 수도 있고, 감옥에 다시 들어갈 수도 있습니다. 그러나 요셉은 바로 앞에서 당당했습니다.

바로는 요셉을 주목했습니다. 그러고는 자신이 꾼 꿈을 요셉에게 이야기했습니다. 이제 긴장해야 할 사람은 바로입니다. 요셉이 어떻게 이야기하느냐에 따라 바로의 운명이 달라질 수 있기 때문입니다. 그러나 요셉은 자만하지 않았습니다. 요셉은 바로의 꿈을 해석하는 동안 하나님을 계속해서 의지했습니다. 하나님의 주권을 신뢰했습니다. 요셉은 모든 것이 하나님으로부터 말미암는다는 것을 알았습니다. 그래서 요셉은 매우 침착했습니다.

요셉은 하나님이 바로를 도우실 것을 확신했습니다. 그래서 바로에게도 '내가 믿는 하나님이 당신을 도우실 것이다'라는 확신을 갖게 했습니다. 이것은 세상에서 사는 우리가 가져야 할 태도입니다. 제아무리 대단한 체해도 세상 사람들은 사건이 터지면 우왕좌왕합니다. 문제가 생겼을 때, 사람들은 답을 찾으려고 하지만 찾지 못합니다. 답은 오직 하나님께 있습니다. 나라의 흥망성쇠(興亡盛衰)는 하나님 손에 있습니다.

광야에서 단련되는 하나님의 사람

하나님의 사람은 하나님을 가까이합니다. 하나님의 말씀을 매일 묵상합니다. 날마다 하나님께 기도합니다. 그러므로 하나님의 사람은 하늘의 비밀을 깨닫습니다. 하나님의 사람은 매 순간 하나님께 묻습니다. 그러므로 하나님의 사람에게는 총기(聰氣)가 있습니다. 하나님이 주시는 지혜가 있습니다.

요셉은 바로에게 꿈을 해석해 주었습니다. 바로의 꿈은 명료했습니다. 애굽의 미래를 알려 주는 꿈이었습니다. 하나님은 바로에게 앞으로 7년의 풍년과 7년의 대기근이 일어날 것을 꿈으로 보여 주셨습니다. 그리고 요셉을 통해 바로의 꿈이 현실이 될 것을 말씀하시고, 대비하게 하셨습니다.

> ³² 바로께서 꿈을 두 번 겹쳐 꾸신 것은 하나님이 이 일을 정하셨음이라 하나님이 속히 행하시리니 ³³ 이제 바로께서는 명철하고 지혜 있는 사람을 택하여 애굽 땅을 다스리게 하시고 창 41:32-33

요셉은 바로의 꿈을 해석했을 뿐 아니라, 앞으로 그 일을 어떻게 대비해야 하는지도 말했습니다. 지혜로운 사람을 리더로 세워야 한다는 것입니다. 하나님은 요셉에게 문제를 정확하게 해석하고 해결하는 능력을 주셨습니다. 요셉은 분별력과 통찰력이 있었습니다. 요셉은 지혜로운 전략을 바로에게 제시했습니다. 이를 통해 하나님이 요셉과 함께하시는 것을 알 수 있습니다.

요셉은 감옥 안에서 단련되었습니다. 그 안에서 성숙해졌습니다. 그러므로 요셉이 감옥에서 보낸 시간은 결코 헛되지 않았습니다. 감옥은 광야와 같은 곳입니다. 그러나 광야를 통해 경험하는 유익이 있습니다. 참된 교육은 광야에서 경험할 수 있습니다. 광야에는 아무도 없습니다. 광야에서는 하나님이 직접 가르치십니다. 하나님은 광야에서 일대일로 가르치십니다. 모세 또한 그 지도력을 단련한 곳은 애굽의 왕실이 아니었습니다. 모세는 광야에서 지도력을 익혔습니다.

> [11] 내가 궁핍하므로 말하는 것이 아니니라 어떠한 형편에든지 나는 자족하기를 배웠노니 [12] 나는 비천에 처할 줄도 알고 풍부에 처할 줄도 알아 모든 일 곧 배부름과 배고픔과 풍부와 궁핍에도 처할 줄 아는 일체의 비결을 배웠노라 빌 4:11-12

빌립보서는 사도 바울이 로마의 감옥에 있을 때에 기록한 서신입니다. 바울은 가난했습니다. 그런 가운데서 풍요를 배웠습니다. 바울은 약했습니다. 그런 가운데서 강해지는 법을 익혔습니다.

광야는 거친 곳입니다. 광야를 잘못 경험하면 만신창이가 될 수 있습니다. 상처만 남을 수 있습니다. 그러나 광야에서만 배우는 것이 있습니다. 광야에서만 경험하는 것이 있습니다. 광야에서 하나님을 경험해야 합니다. 하나님을 지식적으로, 이론적으로 아는 것은 하나님을 온전히 아는 것이 아닙니다. 삶을 통해 하나님을 경험해야 합니다. 광야에서 하나님을 경험한 사람은 겸손합니다. 하나님이 삶을 주도하신다는 것을 압니다. 그러므로 광야에서 하나님을 경험한 사람은 하나님을 전적으로 신뢰합니다. 하나님께 모든 것을 맡깁니다.

요셉이 감옥에 있는 동안 하나님은 요셉을 단련하셨습니다. 요셉을 하나님의 사람으로 준비시키셨습니다. 요셉이 바로에게 제안한 것은 매우 탁월했습니다. 바로는 애굽의 미래를 속 시원히 말해 주는 요셉의 통찰력에 감탄했습니다.

역전시키시는 하나님

요셉의 꿈 풀이와 대비책까지, 바로와 그의 모든 신하가 이 일을 좋게 여겼습니다(창 41:37). 이의가 전혀 없었습니다. 나아가 바로는 요셉을 가리켜 "하나님의 영에 감동된 사람"이라고 말했습니다(창 41:38). 바로는 요셉의 지혜가 하나님으로부터 온 지혜인 것을 인정했습니다.

> 39 요셉에게 이르되 하나님이 이 모든 것을 네게 보이셨으니 너와 같이 명철하고 지혜 있는 자가 없도다 40 너는 내 집을 다스리라 내 백성

이 다 네 명령에 복종하리니 내가 너보다 높은 것은 내 왕좌뿐이니라
창 41:39-40

바로는 마음이 급해졌습니다. 그래서 요셉에게 엄청난 것을 제안했습니다. 그를 애굽의 총리로 세웠습니다.

바로가 또 요셉에게 이르되 내가 너를 애굽 온 땅의 총리가 되게 하노라 하고 창 41:41

하나님이 요셉을 높이셨습니다. 애굽의 총리가 되게 하셨습니다. 바로는 자신의 인장 반지를 빼어 요셉의 손에 끼워 주었습니다. 그리고 자신의 모든 권한을 요셉에게 넘겨주었습니다.

요셉의 형들은 요셉이 입고 있던 채색옷을 벗겼습니다. 요셉은 보디발의 집에서 옷으로 인해 누명을 쓰고 감옥에 갇혔습니다. 그런데 바로는 요셉에게 세마포 옷을 입혀 주었습니다. 요셉의 형들은 요셉을 거부했습니다. 그런데 바로는 요셉을 환대했습니다. 모든 것이 역전되었습니다.

요셉은 총리로서 애굽 전국을 다스리게 되었습니다. 요셉 자신도 놀랐을 것입니다. '어찌하여 나에게 이런 일이!'라고 생각했을 것입니다. 오랫동안 감옥에서 생활했기 때문에 세마포 옷이 낯설었을 것입니다. 자신에게 주어진 직책이 버거웠을 수도 있습니다. 그러나 요셉은 급조된 리더가 아닙니다. 권력을 쟁

취하기 위해 권모술수(權謀術數)를 사용한 것도 아닙니다. 요셉은 감옥 안에서 단련되었습니다. 순금처럼 되었습니다. 하나님은 순금처럼 단련된 요셉을 애굽의 총리가 되게 하셨습니다.

요셉은 팔리고 잊히고 버려진 인생이었습니다. 요셉은 고통의 세월을 보내야 했습니다. 요셉이 갇힌 감옥은 열리지 않을 것처럼 굳게 닫혀 있었습니다. 그런데 감옥 문이 열렸습니다. 우리도 닫힌 문만 바라보면 안 됩니다. 인생의 문이 닫혀도 절망해서는 안 됩니다. 아무리 굳게 닫혔어도, 하나님은 여실 수 있습니다. 하나님께는 마스터키가 있습니다.

하나님은 요셉을 감옥에서 꺼내신 것도 모자라 애굽의 주권자가 되게 하셨습니다. 요셉은 고난을 충분히 경험했습니다. 상처를 많이 경험했습니다. 하나님은 요셉을 충분히 낮추셨습니다. 그러나 요셉을 감옥에 들어가게 하신 하나님이 그를 비천한 자리에서 지극히 높은 곳으로 올리셨습니다. 요셉을 바로 앞에 서게 하셨습니다. 애굽의 총리가 되게 하셨습니다. 모든 것을 하나님이 하셨습니다. 하나님이 올리시면 누구도 낮출 수 없습니다. 하나님이 올리셔야 합니다. 우리가 가진 힘만으로는 날 수 없습니다. 하나님이 날게 해주셔야 날 수 있습니다.

목적을 이루시는 하나님

요셉 이야기는 한 사람의 성공 신화가 아닙니다. 어려움을 이겨 내고 마침내 성공한 사람의 영웅담을 얘기하는 것이 아닙니다. 요셉의 형통은 삶의 과정에 불과합니다. 요셉에게 형통은 하나님의 뜻이 이루어지는 과정에 불과합니다.

하나님이 요셉을 애굽의 총리가 되게 하신 목적이 있습니다. 하나님은 히브리 민족을 일으키는 데, 구원을 성취하시는 과정 가운데 요셉을 사용하셨습니다. 하나님은 요셉을 통해 하나님의 선한 목적을 이루셨습니다.

요셉의 이야기에는 꿈이 있습니다. 하나님은 요셉에게 꿈을 꾸게 하셨습니다. 요셉의 꿈은 그의 삶을 험난하게도, 다시 살아나게도 했습니다. 그러나 이 이야기의 주제는 꿈이 아닙니다. 요셉의 이야기에는 하나님이 계십니다. 우리는 요셉의 이야기에서 하나님을 놓치지 말아야 합니다. 직접 등장하지 않으셔도 하나님은 성경의 모든 이야기를 이끌어 가십니다. 하나님은 성경에 기록된 모든 이야기의 중심에 계십니다. 우리는 성경을 읽으며 일하시는 하나님을 발견할 수 있습니다. 그러므로 우리는 하나님을 신뢰해야 합니다.

그동안 요셉은 내려가고 또 내려갔습니다. 그러다가 다시 올라갔습니다. 그 하나님의 섭리를 경험하며 단련되고 단련되었습니다. 하나님은 큰 목적을 가지고 요셉을 올리셨습니다. 이제 하나님은 요셉을 통해 새로운 일을 시작하십니다. 하나님의 뜻을 이루십니다. 그 일을 기대합시다.

하나님이 사람을 세우시는 이유가 있습니다. 성공하게 하시는 이유가 있습니다. 성공한 사람에게는 사명이 있습니다. 그러므로 성공한 이후에 주의해야 합니다. 하나님이 형통하게 하실 때, 교만해서는 안 됩니다. 형통할 때에 사명을 망각하면, 형통이 복이 되지 않습니다.

요셉은 낮아질 대로 낮아졌습니다. 낮아지는 시간을 통해 요셉은 준비되었습니다. 하나님은 하나님의 때에 요셉을 높이셨습니다. 우리에게 시련을 겪게 하시는 하나님은 하나님의 때에 우리를 높이십니다. 그러므로 우리는 항상 준비되어 있어야 합니다.

고난과 어려운 상황은 문제 되지 않습니다. 주어지는 상황에 우리가 어떻게 반응하는가가 중요합니다. 그러므로 우리는 하나님 앞에서 겸손해야 합니다. 우리가 있는 곳에서 하나님의 말씀을 따라 살아야 합니다.

PART 2

쏟아지는 은혜

7.

상처를 은혜로 덮다

⁴⁶ 요셉이 애굽 왕 바로 앞에 설 때에 삼십 세라 그가 바로 앞을 떠나 애굽 온 땅을 순찰하니 ⁴⁷ 일곱 해 풍년에 토지 소출이 심히 많은지라 ⁴⁸ 요셉이 애굽 땅에 있는 그 칠 년 곡물을 거두어 각 성에 저장하되 각 성읍 주위의 밭의 곡물을 그 성읍 중에 쌓아 두매 ⁴⁹ 쌓아 둔 곡식이 바다 모래 같이 심히 많아 세기를 그쳤으니 그 수가 한이 없음이었더라 ⁵⁰ 흉년이 들기 전에 요셉에게 두 아들이 나되 곧 온의 제사장 보디베라의 딸 아스낫이 그에게서 낳은지라 ⁵¹ 요셉이 그의 장남의 이름을 므낫세라 하였으니 하나님이 내게 내 모든 고난과 내 아버지의 온 집 일을 잊어버리게 하셨다 함이요 ⁵² 차남의 이름을 에브라임이라 하였으니 하나님이 나를 내가 수고한 땅에서 번성하게 하셨다 함이었더라 ⁵³ 애굽 땅에 일곱 해 풍년이 그치고 ⁵⁴ 요셉의 말과 같이 일곱 해 흉년이 들기 시작하매 각국에는 기근이 있으나 애굽 온 땅에는 먹을 것이 있더니 ⁵⁵ 애굽 온 땅이 굶주리매 백성이 바로에게 부르짖어 양식을 구하는지라 바로가 애굽 모든 백성에게 이르되 요셉에게 가서 그가 너희에게 이르는 대로 하라 하니라 ⁵⁶ 온 지면에 기근이 있으매 요셉이 모든 창고를 열고 애굽 백성에게 팔새 애굽 땅에 기근이 심하며 ⁵⁷ 각국 백성도 양식을 사려고 애굽으로 들어와 요셉에게 이르렀으니 기근이 온 세상에 심함이었더라

요셉은 하나님이 주신 지혜로 바로의 꿈을 해석했습니다. 당시 바로는 애굽에서 신과 같은 존재였습니다. 애굽 사람들은 애굽의 번영과 평화는 바로에 의해 주어진다고 믿었습니다. 그런데 애굽에 7년의 풍년과 7년의 흉년이 이어진다는 것은 바로가 무능하다는 것을 의미합니다. 그러므로 바로의 꿈을 그대로 해석하여 전하는 것은 위험한 일입니다. 그럼에도 요셉은 꿈의 의미를 그대로 전했습니다. 그 해석을 들은 바로는 자신의 힘으로 움직일 수 없는 일이 일어나고 있다고 느꼈습니다. 그래서 요셉에게 애굽 전국을 다스리게 했습니다.

하나님은 요셉에게 지혜를 주셔서 바로의 꿈을 해석하게 하시고, 7년 동안의 풍년과 7년 동안의 흉년에 대비하게 하셨습니다. 하나님이 모든 일을 주도하셨습니다. 오늘날도 마찬가지입니다. 살다 보면 이해하기 어려운 일을 겪을 때가 많습니다. 마치 길을 잃은 것 같은 때가 많습니다. 이때 세상 사람들은 역술인을 찾아가 미래를 묻습니다. 그러나 우리는 하나님의 말씀에서 길을 찾아야 합니다. 우리는 하나님의 말씀을 가까이해야 합니다. 날마다 말씀을 읽고 묵상해야 합니다. 하나님의 말씀에 능해야 합니다. 하나님의 말씀을 읽고 묵상하고 공부하다 보면, 지혜가 생깁니다. 하나님이 주신 지혜로 미래를 알 수 있습니다.

하나님은 언제나 옳다

요셉은 애굽의 총리가 되었습니다. 요셉이 노력해서 된 일이 아닙니다. 하나님이 요셉의 삶에 일어난 모든 일에 관여하셨습니다. 하나님이 요셉을 애굽의 총리가 되게 하셨습니다. 요셉이 어린 시절에 꾼 꿈은 마침내 현실이 되었습니다. 우리는 요셉의 이야기를 통해 그의 삶 속에서 일하시는 하나님을 발견해야 합니다. 그동안 요셉의 삶은 내리막길을 향했습니다. 요셉의 삶에 어려움이 계속되었습니다. 그런데 어느 때부터인가 요셉의 삶은 오르막길을 향하고 있습니다. 요셉의 삶이 회복되기 시작했습니다.

요셉이 애굽의 총리가 된 것은 요셉의 꿈이 이루어졌다는 의미가 아닙니다. 요셉이 애굽의 총리가 되었다는 것은 하나님이 요셉을 통해 하나님의 목적을 이루신다는 의미입니다. 하나님은 목적을 가지고 일하십니다. 사람들은 내가 무엇을 하는가, 우리가 어느 자리를 차지하는가를 중요하게 생각합니다. 그러나 내가 무슨 일을 하는가는 중요하지 않습니다. 하나님이 무엇을 맡기시는가가 중요합니다. 내가 무엇을 하는가보다 하나님이 나를 통해 무엇을 하시는가가 더 중요합니다.

그런데 하나님이 나를 통해 무언가 하려 하시는데, 내가 준비되지 않는 경우가 있습니다. 이런 경우 내가 준비될 때까지 시간이 필요합니다. 그 시간을 통해 하나님은 우리를 다듬으십니

113

다. 하나님이 쓰시기에 합당하게 다듬으십니다. 그 과정은 무척 힘듭니다. 절대 편하지 않습니다. 하나님이 우리에게 원하시는 것과 우리가 원하는 것이 다르기 때문입니다. 그래서 우리는 하나님과 갈등할 때가 있습니다.

그러나 우리는 매번 하나님께 항복합니다. 선하신 하나님은 뜻을 반드시 이루십니다. 우리는 하나님의 뜻과 목적을 깨닫고 그분께 온전히 순종해야 합니다. 순종하는 것이 힘들어도, 우리는 하나님은 언제나 선하시고 옳다는 것을 인정해야 합니다.

보디발은 요셉이 일을 잘하는 것을 보았습니다. 요셉은 노예였지만, 여느 노예와 달랐습니다. 그래서 그를 가정 총무로 삼고 자신의 소유를 다 위탁했습니다. 요셉은 감옥에 들어가서도 마찬가지였습니다. 간수장이 옥중 죄수를 다 그에게 맡겼습니다. 요셉은 감옥에서의 제반 사무를 맡아 처리했습니다. 요셉은 자신이 처한 상황에 억울할 만한데도 감옥에서 다른 죄수를 돌봤습니다. 떡 굽는 관원장과 술 맡은 관원장의 꿈을 해석해 주었습니다. 요셉은 섬기는 자로서 훈련되었습니다. 그래서 어디를 가든 많은 사람을 섬겼습니다. 군림하거나 대접받으려 하지 않았습니다. 요셉은 일상에서 자신에게 주어진 일을 열심히 했습니다. 그리고 이제 요셉은 애굽의 살림을 맡았습니다.

이처럼 오늘 일은 미래와 연결됩니다. 그렇기에 지금 내가 하고 있는 일에 최선을 다해야 합니다. 우연히 일어나는 일은 하나도 없습니다. 지금 하고 있는 일을 의미 없다고 생각해서는 안 됩니다. 의미 없는 일은 없습니다.

미래를 대비하는 하나님의 사람

요셉은 애굽의 모든 일을 살펴야 했습니다. 7년 풍년 이후에 이어질 7년 흉년에 대비해야 했습니다.

나라를 경영하려면, 지혜가 필요합니다. 지혜가 있어야 앞으로 일어날 일에 대비할 수 있습니다. 그래야 분별할 수 있고, 통찰할 수 있습니다. 하나님은 요셉에게 지혜를 주셨습니다. 요셉은 그 사실을 알았습니다. 요셉은 하나님이 주시는 지혜로 말미암아 애굽의 모든 지도자보다 뛰어났습니다. 요셉은 총리로서 자신이 맡은 일을 탁월하게 해냈습니다. 하나님이 자신에게 주신 지혜를 드러냈습니다.

하나님은 하나님을 경외하는 사람에게 지혜를 주십니다. 신앙은 있는데, 지혜가 부족하다면 문제가 있습니다. 날마다 하나님의 말씀을 묵상하기 바랍니다. 하나님은 날마다 하나님의 말씀을 묵상하는 사람에게 지혜를 주십니다. 하나님이 주시는 지혜를 경험하는 사람은 모든 면에서 탁월합니다.

⁴⁸ 요셉이 애굽 땅에 있는 그 칠 년 곡물을 거두어 각 성에 저장하되 각 성읍 주위의 밭의 곡물을 그 성읍 중에 쌓아 두매 ⁴⁹ 쌓아 둔 곡식이 바다 모래 같이 심히 많아 세기를 그쳤으니 그 수가 한이 없음이었더라

창 41:48-49

바로가 꿈꾼 대로, 요셉이 해석한 대로 애굽은 일곱 해 동안 풍년이었습니다. 토지 소출이 매우 많았습니다. 셀 수 없이 많은 곡식을 거두었습니다. 이때 기근을 대비해야 합니다. 요셉은 총리로서 정책을 제정하여 시행했습니다. 요셉은 7년 동안 곡물을 거두어 각 성에 저장했습니다.

곡식을 아껴서 저장하려면, 백성들을 설득하는 지혜도 필요했습니다. 백성들이 원망하거나 불평하면 정책을 제대로 시행할 수 없기 때문입니다. 요셉은 이방인으로서 애굽의 총리가 되었습니다. 그런데도 사람들은 이에 대해 시비를 걸 수 없었습니다. 요셉이 하나님이 주신 지혜로 나라를 탁월하게 경영했기 때문입니다. 그러므로 하나님이 주시는 지혜가 있어야 합니다. 그리고 실력이 탁월해야 합니다. 하나님이 주시는 지혜와 탁월한 실력을 가진 사람은 누구도 공격할 수 없습니다.

국가 경영자는 자신이 하는 일을 백성에게 구체적으로 알려야 합니다. 백성들이 국가 경영자를 신뢰할 수 있도록 해야 합니다. 그래야 백성들이 국가 경영자에게 불평하지 않습니다. 애굽 사람들은 요셉을 신뢰했습니다. 그래서 요셉이 시행하는 모든 일이 순조롭게 진행되었습니다.

요셉은 미래를 준비하는 사람이었습니다. 누가 미래를 준비할 수 있습니까? 미래를 본 사람이 준비할 수 있습니다. 요셉은 7년 동안의 풍년이 있은 후에 7년 동안의 기근이 이어질 것을 알았습니다. 그래서 기근에 대비할 수 있었습니다. 준비되지 않은 상태로 미래를 맞이하면 삶이 힘들 수밖에 없습니다. 전혀 예상하지 못한 일 때문에 당황합니다. 그러나 준비된 상태로 미래를 맞이하는 사람에게 미래는 기회가 됩니다. 하나님은 하나님이 쓰시는 사람, 말씀을 가까이하는 사람에게 미래를 보여 주십니다. 예수님을 믿는 사람은 예견할 수 있어야 합니다. 하나님의 말씀을 묵상하는 사람은 미래를 대비할 수 있습니다.

망각의 은혜

창세기 41장 50-52절에는 요셉의 개인사가 기록되어 있습니다. 요셉은 애굽에 온 후 오랫동안 가족 없이 살았습니다. 그러다가 이제 가정을 이루었습니다. 흉년이 오기 전에 온의 제사장 보디베라의 딸 아스낫과의 사이에서 두 아들을 낳았습니다. 요셉은 크게 기뻤습니다. 많은 뜻을 담아 두 아들의 이름을 지었습니다. 그 이름을 통해 요셉의 생각과 마음을 알 수 있습니다.

요셉은 첫째 아들의 이름을 '므낫세'라고 지었습니다(창 41:51). 므낫세는 '하나님이 나의 모든 고난과 내 아버지의 온 집 일을 잊어버리게 하셨다'라는 뜻입니다. 하나님이 요셉에게 베 푸신 첫 번째 은혜는 '망각'입니다. 그동안 요셉이 겪은 고난은 결코 가벼운 일들이 아닙니다. 그러나 하나님의 은혜로 요셉은 그 모든 고난을 잊을 수 있었습니다.

과거의 경험이 트라우마로 남는 경우가 있습니다. 사건, 사 고, 재난, 가족의 죽음, 질병, 이별 등은 트라우마가 될 수 있습니 다. 트라우마는 정신적 외상(外傷)입니다. 이 고통이 삶을 지배합 니다. 시간이 지나도 잊지 못하고 때로는 악몽을 꾸며 잠을 이루 지 못합니다. 불안과 우울로 정신적 어려움이 생기기도 합니다.

요셉은 험악한 얼굴로 자신을 쳐다보던 형들, 빈 구덩이에 던져졌던 날의 두려움을 모두 기억하고 있을 것입니다. 자신을 매우 사랑하셨던 아버지와 이별하게 된 것은 요셉에게 충격 이 상의 아픔이었을 것입니다. 그런데다 누명을 쓰고 옥살이했던 일들을 어떻게 쉽게 잊을 수 있겠습니까?

그런데 과거의 일들로 생긴 마음의 상처를 어떻게 다루는 가가 중요합니다. 마음의 상처가 치유되어야 삶이 회복됩니다. 총리가 되었지만 과거 아픈 경험과 마음의 상처가 치유되지 않 았다면, 요셉의 삶은 회복될 수 없었을 것입니다. 마음의 상처가 치유되지 않은 상태에서는 애굽을 온전히 다스릴 수 없었을 것입니다. 과거의 아픈 경험과 그로 인한 상처가 치유되지 않았다면, 요셉은 총리로서의 역할을 온전히 감당할 수 없었을 것입니다. 자신을 다스리지 못하는 사람이 어떻게 나라를 다스릴 수 있겠습니까?

세월이 흘러도 마음의 상처는 낫지 않습니다. 마음의 상처는 내면에 깊이 남아 현재의 삶에 영향을 끼칩니다. 자기도 모르게 분노합니다. 분노하는 내 모습에 나도 놀라고 주변 사람들도 놀랍니다. 이것은 지금 일어난 사건이 아니라, 내면의 상처에서 오는 분노입니다. 스위스의 정신의학자이자 작가인 폴 투르니에(Paul Tournier)는 "병을 치료하려 하지 말고, 사람을 치유하라"고 말했습니다. 사람이 치유되지 않으면, 병을 치료해도 아무 소용 없습니다. 불행한 사건보다 그로 인한 마음의 상처가 사람을 더 불행하게 합니다. 내면 깊이 남은 상처는 삶 전체에 영향을 끼칩니다. 그것이 마음의 병이 됩니다.

많은 현대인이 마음의 병을 앓고 있습니다. 마음이 아파서 몸이 아픕니다. 몸 아픈 것보다 마음 아픈 것이 더 심각합니다. 마음에 남는 흉터는 몸에 남는 흉터와 다릅니다. 이것은 쉽게 사라지지 않습니다. 마음의 상처가 많은 사람이 리더가 되면, 폭군이 될 수 있습니다. 마음의 상처가 치유되지 않은 사람이 지도자가 되면, 그를 따르는 사람에게까지 영향을 끼쳐 주변을 매우 힘들게 합니다. 마음의 상처를 해결하지 못한 채 목회자가 되면 그 상처가 설교를 통해 성도에게 전해집니다.

피해자는 보복하려는 심리가 있습니다. '내가 당한 만큼 너도 당해 봐라'라고 생각합니다. 그런데 보복하는 것은 스스로에게 다시 해를 입히는 것입니다. 보복하려는 생각만으로도 우리 영과 혼과 육에 해가 됩니다.

기억은 우리 내면에 남아 있습니다. 특히 아픈 기억은 내면에 깊이 남습니다. 좋지 않은 기억이 생각나면 마음이 무너져 내리는 듯합니다. 기억은 우리의 마음대로 통제가 안 됩니다. 아무리 잊으려고 노력해도 잊히지 않습니다. 잊으려고 할수록 오히려 더 선명해집니다. 그러나 하나님은 좋지 않은 경험, 아픈 경험을 잊게 하실 뿐 아니라 더 이상 기억나지 않게 하십니다. 더 이상 기억나지 않는 것은 하나님의 은혜입니다.

제가 사춘기였을 때, 가정형편이 매우 어려웠습니다. 그 당시 가장으로서의 책임을 다하지 않았던 아버지에게 섭섭한 마음이 있었습니다. 그래서 아버지를 많이 원망했습니다. 그런데 제가 복음을 듣고 은혜 생활을 시작한 후, 아버지를 원망하는 마음, 아버지에 대한 섭섭한 마음이 모두 사라졌습니다. 하나님은 저의 아픈 기억을 모두 지워 주셨습니다. 좋은 기억만 남아 있습니다.

따뜻한 기억과 좋은 기억이 많은 사람, 좋지 않은 기억이 적은 사람은 복 있는 사람입니다. 마음의 상처가 사라지면, 복되게 살 수 있습니다. 마음의 아픔과 상처가 아무리 크다 해도, 하나님의 은혜가 더 큽니다. 하나님의 은혜는 아픔과 상처를 모두 덮습니다. 그래서 은혜의 경험이 아픈 경험보다 더 많아야 합니다. 하나님의 은혜를 풍성하게 경험한 사람은 은혜만 기억합니다. 나를 불행하게 만든 사람을 용서하려면, 고통보다 더 큰 은혜를 경험해야 합니다. 고통보다 더 큰 은혜를 경험할 때, 과거의 아픈 기억은 모두 사라집니다. 하나님의 은혜는 좋지 않은 기억, 아픈 기억을 깨끗하게 지워 버립니다.

사람들은 모두 아픈 기억을 가지고 있습니다. 마음의 상처가 있습니다. 마음의 상처가 없는 사람은 없습니다. 이런 상처는 증오심, 분노로 드러나기도 합니다. 마음의 상처가 많은 사람은 날카롭습니다. 부정적입니다. 그래서 사람들과 관계를 맺기 어렵습니다.

예수님도 우리처럼 마음의 상처를 가지고 계십니다. 예수님의 마음에 있는 상처는 요셉의 마음에 있는 상처보다 더 크고 많습니다. 수치, 거절, 모욕, 배신을 당하시고 사람들에게 버림받으신 예수님은 마음의 깊은 상처를 가진 채 십자가에 못 박히셨습니다.

그가 찔림은 우리의 허물 때문이요 그가 상함은 우리의 죄악 때문이라 그가 징계를 받으므로 우리는 평화를 누리고 그가 채찍에 맞으므로 우리는 나음을 받았도다 사 53:5

복음은 우리를 치유합니다. 하나님은 우리에게 과거의 아픈 상처를 잊게 하십니다. 이것이 하나님의 은혜입니다. 하나님의 은혜는 우리의 상처를 완전히 치유합니다. 그러므로 하나님의 은혜를 경험한 사람은 과거의 아픈 기억으로 인해 아파하지 않습니다. 오히려 반대입니다. 상처로 인해 삶이 새로워집니다. 상처가 별이 됩니다.

요셉이 애굽의 총리가 된 것은 과거에 일어난 모든 일의 결과입니다. 그렇게 생각하면 요셉은 형들 때문에 죽을 고생을 한 것이 아닙니다. 형들이 요셉을 애굽의 노예로 팔았기 때문에 애굽의 총리가 되었다고 말할 수 있습니다. 어찌 생각하면 형들 덕분입니다.

상처가 있는 사람은 피해의식이 있습니다. 원망하고 불평하며 삽니다. 공격적입니다. 거칩니다. 매사를 부정적으로 생각합니다. 심한 경우, 피해망상증을 겪기도 합니다. 그러나 은혜받은 사람은 다릅니다. 원망하지 않습니다. 섭섭해하지도 않습니다. 오히려 늘 감사합니다. 하나님의 은혜가 상처를 완전히 치유한 결과입니다.

이 세상에서 사는 동안 사람들은 상처를 주고받습니다. 그 결과, 사랑은 증오로, 신뢰는 배신으로 바뀝니다. 상처를 받지 않고 살기 원합니다. 그러나 이 세상에서 사는 동안에는 상처를 피할 수 없습니다. 우리가 죄인이기 때문입니다. 그러므로 이 세상에서 사는 동안 우리는 하나님의 은혜가 필요합니다. 상처를 잊게 하시는 하나님을 경험해야 합니다.

> [13] 형제들아 나는 아직 내가 잡은 줄로 여기지 아니하고 오직 한 일 즉 뒤에 있는 것은 잊어버리고 앞에 있는 것을 잡으려고 [14] 푯대를 향하여 그리스도 예수 안에서 하나님이 위에서 부르신 부름의 상을 위하여 달려가노라 빌 3:13-14

바울은 뒤에 있는 것은 잊어버리고 푯대를 향해 달려간다고 고백했습니다. 과거의 일을 잊지 못하면, 앞으로 나아갈 수 없습니다. 과거를 잊어야 합니다. 복음으로 말미암아, 하나님의 은혜로 과거를 잊어야 합니다. 하나님의 은혜에 초점을 맞추면, 상처가 더 이상 상처가 되지 않습니다. 상처를 재해석할 수 있습니다. 과거의 아픈 경험도 긍정적으로 해석할 수 있습니다. 하나님의 은혜로 해석할 수 있습니다. 오늘의 자신을 있게 한 원동력으로 해석할 수 있습니다.

여러분을 아프게 하는 가시가 있습니까? 하나님이 제거해 주시기를 소망합니다. 하나님과 함께 새롭게 시작하는 은혜를 경험하기 바랍니다. 지난날의 아픔과 수치, 억울함 등 좋지 않은 기억을 잊게 하시는 하나님의 은혜를 경험하기 바랍니다. 하나님의 은혜를 경험해야 온전하게 살 수 있습니다.

받은 은혜를 흘려보내는 복

요셉의 둘째 아들의 이름은 '에브라임'입니다(창 41:52). 에브라임은 '하나님이 나를 내가 수고한 땅에서 번성하게 하셨다'는 의미입니다. 하나님이 나를 번성하게 하셨다는 것은 풍성한 결실을 거두게 하셨다는 의미입니다. 즉 하나님이 나를 유익하게 하셨다는 의미입니다. 여기서 말하는 유익은 열방을 위한 유익을 의미합니다.

하나님은 요셉에게 고통으로 가득한 삶을 청산하게 하셨습니다. 그리고 요셉의 삶을 풍성하게 하셨습니다. 요셉은 하나님이 자신에게 베푸신 복을 생각했습니다. 므낫세, 에브라임 모두 주어는 하나님이십니다.

수고하는 대로 열매를 거두는 것이 복입니다. 수고한 것에 비해 결과가 초라하다면, 그것은 저주입니다. 수고한 만큼 결실을 거두지 못한다면 허무합니다. 많이 가졌으나 만족할 수 없습니다. 마치 밑 빠진 독에 물을 붓는 것처럼 채워지지 않습니다. 이것은 하나님을 떠난 사람들이 경험하는 고통입니다.

보디발이 요셉에게 자기의 집과 그의 모든 소유물을 주관하게 한 때부터 하나님이 요셉을 위하여 보디발의 집에 복을 내리셨습니다. 그러더니 이제는 요셉으로 인해 애굽 온 땅에 풍년이 시작되었습니다. 이때가 중요합니다. 이제 요셉은 애굽의 총리로서 애굽을 지혜롭게 돌봐야 합니다.

지금 우리는 풍요로운 시대를 살고 있습니다. 하나님이 우리에게 복을 주셔서 풍요롭게 살게 하셨습니다. 구제받던 나라가 구제하는 나라가 되었습니다. 모든 것이 하나님의 은혜입니다. 이때가 중요합니다. 자칫하면 타락할 수 있습니다. 풍요를 우리끼리 누려서는 안 됩니다. 하나님이 우리를 풍요하게 하셨다는 것을 기억해야 합니다.

모든 것이 풍요로우면 영혼이 무디어질 수 있습니다. 하나님을 찾지 않을 수 있습니다. 기도하기 어렵습니다. 세속화되기 쉽습니다. 영적 세계를 생각하기보다 세상을 더 생각합니다. 그렇게 되면 풍요가 복이 아니요, 재앙이 되어 버립니다.

요셉의 이야기를 살펴보면, 하나님이 요셉과 함께하셨다는 표현이 여러 번 나옵니다. 요셉의 삶에 환난과 시련이 많았지만, 하나님이 요셉과 함께하심으로 요셉은 형통했습니다. 우리가 누리는 복은 하나님이 주신 것입니다. 하나님은 복의 근원이십니다. 그러므로 하나님과 함께하는 것이 복입니다.

예수님은 "나는 포도나무요 너희는 가지라 그가 내 안에 내가 그 안에 거하면 사람이 열매를 많이 맺나니 나를 떠나서는 너희가 아무 것도 할 수 없음이라"고 말씀하셨습니다(요 15:5). 하나님과 함께하는 것이 복이요, 하나님과 함께하지 않는 것, 하나님을 떠나는 것은 저주입니다. 하나님을 떠나는 순간, 결핍을 경험합니다. 모든 것이 고갈됩니다. 그러므로 하나님을 간절히 찾는 사람, 하나님을 사모하는 사람이 복 있는 사람입니다.

요셉이 해석한 대로, 7년의 풍년 후에 기근이 시작되었습니다. 요셉은 모든 창고를 열었습니다. 풍년의 때에 모아둔 것을 나누었습니다. 양식을 구하러 각국 사람들이 모여들었습니다. 요셉은 그들에게 양식을 나누어 주었습니다. 나누기 위해 모은 것이기 때문입니다. 하나님이 주신 복을 나누어야 합니다. 나누지 않으면 복이 아닙니다. 나 혼자 잘살 수는 없습니다.

교회도 마찬가지입니다. 우리 교회만 잘 되려고 해서는 안 됩니다. 우리 교회만 잘 되는 것은 복이 아닙니다. 우리 교회만 생각하는 것은 위험합니다. 우리는 받은 복을 흘려보내야 합니다.

우리는 과거의 상처에서 벗어나야 합니다. 복음으로 상처가 치유되어야 합니다. 그리고 하나님께 집중해야 합니다. 하나님이 우리에게 주신 복과 은혜를 나누어야 합니다. 많은 사람에게 흘려보내야 합니다.

8.

고난을 이긴 자는
넉넉하다

²³그가 이르되 너희는 안심하라 두려워하지 말라 너희 하나님, 너희 아버지의 하나님이 재물을 너희 자루에 넣어 너희에게 주신 것이니라 너희 돈은 내가 이미 받았느니라 하고 시므온을 그들에게로 이끌어내고 ²⁴ 그들을 요셉의 집으로 인도하고 물을 주어 발을 씻게 하며 그들의 나귀에게 먹이를 주더라 ²⁵ 그들이 거기서 음식을 먹겠다 함을 들었으므로 예물을 정돈하고 요셉이 정오에 오기를 기다리더니 ²⁶ 요셉이 집으로 오매 그들이 집으로 들어가서 예물을 그에게 드리고 땅에 엎드려 절하니 ²⁷ 요셉이 그들의 안부를 물으며 이르되 너희 아버지 너희가 말하던 그 노인이 안녕하시냐 아직도 생존해 계시느냐 ²⁸ 그들이 대답하되 주의 종 우리 아버지가 평안하고 지금까지 생존하였나이다 하고 머리 숙여 절하더라 ²⁹ 요셉이 눈을 들어 자기 어머니의 아들 자기 동생 베냐민을 보고 이르되 너희가 내게 말하던 너희 작은 동생이 이 아이냐 그가 또 이르되 소자여 하나님이 네게 은혜 베푸시기를 원하노라 ³⁰ 요셉이 아우를 사랑하는 마음이 복받쳐 급히 울 곳을 찾아 안방으로 들어가서 울고 ³¹ 얼굴을 씻고 나와서 그 정을 억제하고 음식을 차리라 하매 ³² 그들이 요셉에게 따로 차리고 그 형제들에게 따로 차리고 그와 함께 먹는 애굽 사람에게도 따로 차리니 애굽 사람은 히브리 사람과 같이 먹으면 부정을 입음이었더라 ³³ 그들이 요셉 앞에 앉되 그들의 나이에 따라 앉게 되니 그들이 서로 이상히 여겼더라 ³⁴ 요셉이 자기 음식을 그들에게 주되 베냐민에게는 다른 사람보다 다섯 배나 주매 그들이 마시며 요셉과 함께 즐거워하였더라

세상이 변합니다. 그에 따라 사람과의 관계도 달라집니다. 강자가 항상 강자가 아닙니다. 강자가 약자가 되기도 하고, 약자가 강자가 되기도 합니다. 그런가 하면 다시는 볼 일이 없을 것 같았던 사람을 다시 만나기도 합니다. 만나기 싫어도, 하나님이 만나게 하시면 만날 수밖에 없습니다. 그러므로 '절대' 만나지 않을 것이라고 장담할 수 없습니다. 항상 겸손해야 합니다. 착하게 살아야 합니다.

요셉이 형들을 다시 만났습니다. 요셉을 고통에 빠트린 장본인들입니다. 요셉을 애굽의 노예로 팔았습니다. 혈육으로서는 할 수 없는 짓을 했습니다. 형들은 요셉을 다시 볼 일이 없으리라 생각했을 것입니다. 그런데 흉년이 길어지면서 요셉의 형들이 곡식을 사러 애굽으로 갔습니다. 그 바람에 요셉이 형들을 봅니다. 형들은 요셉을 알아보지 못했으나, 요셉은 알아보았습니다. 그러나 모르는 체했습니다. 앞으로 요셉과 형들 사이에 무슨 일이 일어날지 궁금해집니다.

모든 것이 하나님의 섭리

기근이 시작되기 전, 애굽은 요셉의 지시에 따라 7년 동안 곡식을 거두어 각 성에 저장했습니다. 그래서 애굽에는 곡식이 바다의 모래같이 심히 많았습니다. 이 일로 애굽의 국가 경제가 탄탄해졌습니다. 주변 국가에도 곡식을 나눔으로써 많은 나라에 살길이 열렸습니다. 곡식을 구하려면 애굽으로 가야 했습니다.

야곱은 아들들에게 "너희는 어찌하여 서로 바라보고만 있느냐 내가 들은즉 저 애굽에 곡식이 있다 하니 너희는 그리로 가서 거기서 우리를 위하여 사오라 그러면 우리가 살고 죽지 아니하리라"라고 했습니다(창 42:1-2). 곡식을 얻기 위해 아들 열 명을 애굽으로 보냈습니다. 요셉의 형들은 곡식을 사러 애굽으로 가야 했습니다. 애굽의 총리인 요셉 앞에 서야 합니다. 그러나 아무도 애굽에서 일어날 일을 전혀 예상하지 못했습니다. 아무도 요셉이 애굽의 총리가 된 것을 몰랐습니다. 형들은 요셉을 잊고 살았습니다. 형들에게 요셉은 죽은 자였습니다.

> 때에 요셉이 나라의 총리로서 그 땅 모든 백성에게 곡식을 팔더니 요셉의 형들이 와서 그 앞에서 땅에 엎드려 절하매 창 42:6

요셉이 해와 달과 열한 별이 자신에게 절하는 꿈을 꾸고 그것을 형들에게 이야기했을 때, 형들은 분노했습니다. 요셉을 미워했습니다. 그런데 지금 형들은 곡식을 사기 위해 애굽의 총리인 요셉 앞에서 땅에 엎드려 절했습니다. 요셉이 꾼 꿈대로 되었습니다.

이제 형들의 운명은 요셉의 손에 있습니다. 요셉과 형들의 관계는 회복될 수 없을 만큼 깨어졌습니다. 그리고 시간이 많이 흘렀습니다. 과연 요셉이 형들에게 어떻게 할까요? 깨어진 관계가 회복되는 것은 쉽지 않습니다. 깨어진 관계를 대수롭지 않게 생각했다가는 관계가 오히려 더 나빠질 수 있습니다. 그래서 가족 사이에도 서로 보지 않고 지내는 경우가 많습니다. 이런 어려움이 비단 가족 관계에서만 벌어지는 것은 아닙니다. 교회 안에서도 사람들과의 관계에 어려움을 느끼는 사람이 많습니다. 그래서 교회를 떠나는 사람도 있습니다.

역기능 가정에서는 가족 관계가 깨어지기 쉽습니다. 야곱의 가정은 전형적인 역기능 가정이었습니다. 야곱의 편애는 자녀들 사이에 갈등을 조장했습니다. 요셉이 자신이 꾼 꿈을 생각 없이 이야기해서 형들이 요셉을 미워했습니다. 형들은 요셉을 미워한 나머지 애굽에 노예로 팔아 버렸습니다.

요셉에게도, 요셉의 형들에게도 잘못이 있습니다. 그들 모두 죄인입니다. 나는 의롭고 다른 사람만 죄인이라고 생각해서는 안 됩니다. 가족 관계라고 해서 죄성이 사라지는 것은 아닙니다. 오히려 죄성이 분명하게 드러날 수 있습니다. 게다가 가족 관계는 피할 수 없습니다. 그래서 가족으로부터 받는 상처도 피할 수 없습니다.

우리는 죄인입니다. 그러므로 우리는 서로에게 상처를 줄 수 있습니다. 상처를 주려고 의도하지 않아도, 자신도 모르게 상처를 줄 수 있습니다. 이렇게 사람들은 서로 상처를 주고받으며 삽니다. 상처를 주고받다가 관계가 깨어지기도 합니다. 관계가 깨어지면, 매우 고통스럽습니다.

요셉이 형들의 시야에서 사라졌을지는 모르지만, 그들의 의식 속에서까지 사라지지는 않았습니다. 요셉이 죽은 줄 아는 아버지 야곱은 날마다 괴로워했을 것입니다. 그런 야곱을 보는 형들은 마음이 편하지 않았을 것입니다. 요셉이라고 다르지 않습니다. 사람들은 요셉을 마치 예수님처럼 여기며 미화하려고 합니다. 누구도 원망하지 않고 나쁜 생각을 하지 않았을 거라고 생각합니다. 그러나 애굽의 노예로 팔려 갈 때, 요셉은 17세 소년이었습니다. 그는 애굽으로 가면서 울분을 토했을 것입니다. 자신의 감정을 다스리기 어려웠을 것입니다. 마음에 한이 맺혔을 것입니다.

이렇게 깨어진 관계로 인해 상처를 경험하는 사람이 많습니다. 가족의 관계 속에서 어려움을 경험하고 마음을 닫아 버리는 사람이 많습니다. 사람과의 관계가 어려운 사람은 삶도 어렵습니다. 삶이 힘들수록 사람과의 관계도 힘들어집니다.

그러나 지금 요셉과 형들의 만남은 그들의 의지가 아닙니다. 하나님이 형들을 요셉 앞에 오게 하셨습니다. 모든 것이 하나님의 섭리입니다.

용서받은 은혜로 용서하라

그 사이에 요셉과 형들은 나이가 들었습니다. 그럼에도 요셉은 형들을 알아보았습니다. 형들은 요셉의 얼굴을 쳐다볼 수 없었습니다. 요셉은 애굽의 총리입니다. 애굽의 2인자입니다. 애굽인의 옷을 입고, 애굽의 말을 사용했습니다. 요셉은 형들에게 자신의 존재를 드러내지 않은 채 말했습니다. 요셉은 형들을 통해 알고 싶은 것이 많았습니다. 무엇보다 아버지와 막내 베냐민의 안부가 궁금했습니다.

어째선지 요셉이 형들에게 이 나라의 틈을 보러 온 정탐꾼이 아니냐고 윽박지릅니다. 그 바람에 형들이 자기 가족 이야기를 털어놓습니다.

그들이 이르되 당신의 종 우리들은 열두 형제로서 가나안 땅 한 사람의 아들들이라 막내 아들은 오늘 아버지와 함께 있고 또 하나는 없어졌나이다 창 42:13

형들 입에서 요셉에 대한 이야기가 나왔습니다. 그들은 요셉이 없어졌다고 했습니다. 자기들이 노예로 팔았다고 이야기하지 않았습니다. 없어진 형제 요셉이 지금 형들 앞에 있다고는 상상조차 못했을 것입니다.

요셉은 "너희 막내 아우를 내게로 데리고 오라"고 했습니다

(창 42:20). 시므온을 끌어내어 형들이 베냐민을 데려올 때까지 붙들어 두었습니다. 그리고 베냐민이 온 후에는 그를 은잔 도둑으로 몰아붙였습니다. 요셉은 아버지 야곱을 애굽으로 모셔 오기 위해서 이렇게 했습니다.

그런데 형들은 상황이 자꾸 안 좋은 쪽으로 흘러가자 과거 자기들의 잘못을 떠올립니다. 요셉을 생각했습니다.

> 21 그들이 서로 말하되 우리가 아우의 일로 말미암아 범죄하였도다 그가 우리에게 애걸할 때에 그 마음의 괴로움을 보고도 듣지 아니하였으므로 이 괴로움이 우리에게 임하도다 22 르우벤이 그들에게 대답하여 이르되 내가 너희에게 그 아이에 대하여 죄를 짓지 말라고 하지 아니하였더냐 그래도 너희가 듣지 아니하였느니라 그러므로 그의 핏값을 치르게 되었도다 하니 창 42:21-22

형들은 요셉을 팔아 버린 일에 죄책감을 느꼈습니다. 그러더니 자신들의 잘못을 뉘우쳤습니다.

베냐민이 요셉의 은잔을 훔친 도둑으로 몰려 붙잡혔을 때, 유다가 나섰습니다. 유다는 자기 가족에게 일어난 일을 말했습니다. 그리고 베냐민 대신 자신을 노예로 삼으라고 했습니다. 이때 요셉은 감정을 더 이상 숨길 수 없었습니다. 요셉은 자신이 요셉인 것을 형들에게 말했습니다. 이후 형들은 아버지 야곱을 애굽으로 모셔 왔고, 야곱과 요셉은 상봉했습니다.

깨어진 관계가 회복되려면, 시간이 필요합니다. 빨리 화해하는 것은 중요하지 않습니다. 진정성 있게 화해해야 합니다. 제대로 화해해야 합니다. 용서는 어렵지 않습니다. 그런데 용서한다고 모든 것이 끝나는 것이 아닙니다. 용서했다면 화해해야 합니다. 관계가 회복되어야 합니다. 사람 사이의 관계는 죄 때문에 깨어집니다. 사람들은 가까워지기를 원하다가도 적당히 거리를 두려고 합니다. 때로는 사랑하기 때문에 미워하는 감정이 생기기도 합니다. 사랑하지 않으면 미워하지도 않습니다. 그러므로 사람을 쉽게 판단하려고 해서는 안 됩니다. 사람은 우주와 같은 존재입니다. 하나님 외에는 누구도 알 수 없습니다.

창세기 37-50장에 요셉의 이야기가 기록되어 있습니다. 그런데 많은 이야기가 생략되어 있습니다. 요셉이 겪은 큰일만 기록되어 있을 뿐, 그 일을 겪은 요셉의 감정이 어떠했는지는 알 수 없습니다. 요셉이 마음에 품은 생각은 오직 요셉만 알 수 있습니다. 우리는 성경에 기록된 만큼만 요셉을 알 뿐입니다. 그러므로 우리는 요셉을 안다고 말할 수 없습니다.

애굽에 곡식을 사러 온 형들과 마주친 요셉의 감정이 어떠했을까요? 우리는 요셉이 형들을 어떻게 대하는가를 자세히 살펴보아야 합니다. 요셉은 많은 것을 생각했을 것입니다. 여러 가지 감정을 느꼈을 것입니다. 요셉에게는 시간이 필요했습니다. 요셉은 형들을 용서하기 쉽지 않았을 것입니다. 용서는 어렵습니다. 노력한다고 할 수 있는 것도 아닙니다. 용서했다고 말할 수는 있어도, 마음으로는 용서하지 못하는 경우가 많습니다. 용서를 쉽게 생각하는 사람은 용서의 의미를 잘 모르는 것입니다.

여기서 우리는 하나님이 요셉의 형들을 어떻게 생각하시는가를 생각해 보아야 합니다. 그들은 큰 죄를 지었습니다. 요셉에게만 죄를 지은 것이 아니라 아버지께도 죄를 지었습니다. 만일 하나님이 그들이 지은 죄를 따라 심판하셨다면, 그들은 가나안 땅에서 끝났을 것입니다. 애굽으로 갈 수 없었을 것입니다. 그런데 하나님은 형들을 애굽 땅에 가게 하셨습니다. 그곳에서 요셉을 만나게 하셨습니다. 하나님이 요셉에게 형들을 용서할 수 있게 기회를 주신 것입니다.

하나님은 형들이 요셉에게 용서를 구하기 전에 이미 그들을 용서하셨습니다. 형들을 받아들여 주셨습니다. 요셉도 형들을 받아들였습니다. 첫째 아들 이름을 므낫세라고 지은 것에서 알 수 있습니다. 요셉은 첫째 아들을 낳고 모든 것이 회복되었습니다. 형들과의 관계가 정리되었습니다. 하나님은 요셉에게 모든 고난을 잊게 하셨습니다. 고난과 아픔을 잊게 하신 것이 하나님의 은혜입니다. 요셉에게는 형들을 미워하는 마음이 없었습니다.

만약 요셉이 과거의 고난을 잊지 않은 상태에서 형들을 다시 만났다면 어떻게 되었을까요? 요셉은 자신이 당한 대로 형들에게 복수하려고 했을 것입니다. 요셉은 자신이 가진 권세를 이용하여 형들에게 얼마든지 복수할 수 있었을 것입니다. 이것이 일반적인 생각입니다. 그런데 우리가 용서받은 존재란 사실을 기억해야 합니다. 하나님의 은혜를 생각해야 합니다. 우리는 하나님의 용서를 받을 자격이 없습니다. 그럼에도 하나님은 우리를 용서하셨습니다. 이것이 십자가 은혜요, 복음입니다.

복음은 우리를 살렸습니다. 복음은 가운데 막힌 담을 허물어뜨립니다. 우리는 복음으로 말미암아 화해할 수 있습니다. 복음은 하나님과 우리를 화해하게 하고, 나와 이웃을 화해하게 하고, 나와 나 자신을 화해하게 합니다. 교회는 화해 공동체입니다. 교회는 화해하는 모습을 세상 사람들에게 보여 주어야 합니다. 복음을 아는 사람은 화해할 수밖에 없습니다.

복음을 경험한 사람은 마음이 넉넉합니다. 복음을 경험한 사람은 속이 좁을 수 없습니다. 화해하기 위해 노력할 필요가 없습니다. 노력한다고 화해할 수 있는 것이 아닙니다. 화해하려면 복음을 경험해야 합니다. 용서하려고 하지만, 용서하는 것이 쉽지 않을 때가 있습니다. 그때는 십자가를 묵상해야 합니다. 십자가는 능력이 있습니다. 십자가는 우리에게 필요한 메시지를 줍니다.

가룟 유다는 은 30을 받고 예수님을 팔았습니다. 사람들은 예수님을 조롱했습니다. 사람들은 예수님께 침을 뱉고, 그의 옷을 씻었습니다. 예수님은 십자가에서 수치를 겪으셨습니다. 우리의 허물과 죄 때문입니다. 예수님은 우리 대신 십자가에 못 박혀 죽으셨습니다. 예수님은 십자가에 못 박혀 죽으심으로 우리의 죄를 모두 용서해 주셨습니다. 예수님은 우리의 모습 이대로 받아주셨습니다. 그러므로 십자가를 피하지 마십시오. 복음을 깊이 경험하기 바랍니다. 복음은 지옥 같은 우리의 마음을 천국으로 바꾸어 놓습니다.

하나님이 함께하심으로 요셉은 범사에 형통했습니다. 요셉은 하나님의 은혜를 경험했습니다. 하나님의 사랑을 배웠습니다. 그래서 요셉은 형들을 기꺼이 받아들였습니다. 형들을 용서했습니다. 형들에게 양식을 아낌없이 퍼주었습니다.

사실 형들은 요셉에게 먹을 것을 구하러 올 형편이 아닙니다. 요셉이 은혜를 베풀 것을 기대해서는 안 됩니다. 그러나 요셉은 형들에게 보복하지 않았습니다. 요셉은 형들에게 자비를 베풀었습니다. 요셉은 형들이 자신에게 행한 나쁜 짓을 모두 잊었습니다. 이것은 하나님의 은혜입니다. 용서하는 사람은 그 용서를 통해 더 큰 은혜를 경험합니다. 하나님은 요셉을 요셉답게 살게 하려고 과거에 경험한 아픈 기억을 모두 잊게 하셨습니다.

하나님 마음을 가진 사람

성경은 "요셉이 그들을 떠나가서 울고"라고 기록합니다(창 42:24). 또 43장 30-31절에 보면, "요셉이 아우를 사랑하는 마음이 복받쳐 급히 울 곳을 찾아 안방으로 들어가서 울고 얼굴을 씻고 나와서 그 정을 억제하고 음식을 차리라 하매"라고 기록합니다. 45장 2절에는 "요셉이 큰 소리로 우니 애굽 사람에게 들리며 바로의 궁중에 들리더라"고 기록합니다.

요셉은 자신의 감정을 드러내지 않으려고 노력했습니다. 그러다가 목 놓아 큰 소리로 울었습니다. 눈물은 많은 것을 의미합니다. 말로 표현할 수 없는 것을 표현합니다. 요셉은 마음이 차가운 사람이 아닙니다. 요셉은 감성이 살아 있었습니다. 요셉은 울어야 할 때 울었습니다.

냉혹한 사람은 웬만해서는 눈물을 흘리지 않습니다. 그런 사람을 가리켜 "피도 눈물도 없는 사람"이라고 말합니다. 이런 사람은 무정합니다. 눈물을 흘린다는 것은 감정이 있다는 의미입니다. 그런데 상처가 깊으면 감성이 죽습니다. 감성이 죽으면 웃지도 않고, 울지도 않습니다. 마음이 굳습니다. 마음이 돌덩이처럼 딱딱합니다. 그러나 하나님과 함께 시련을 경험한 사람은 마음이 부드럽습니다. 하나님의 은혜로 시련을 이겨 내었기 때문입니다. 이런 사람은 마음이 깊습니다. 인간미가 느껴집니다. 하나님의 은혜로 시련을 이겨 낸 사람은 마음이 따뜻합니다.

복음을 계속 경험하는 것이 중요합니다. 복음을 계속 경험하지 않으면 마음이 좁아집니다. 까칠해집니다. 수용력이 떨어집니다. 자신도 모르는 사이에 꼰대가 됩니다. 꼰대 주위에는 사람이 없습니다. 관계가 깨어지기 때문입니다. 칭찬에 인색합니다. 매사에 부정적으로 생각합니다.

신앙생활을 시작한 사람에게만 복음이 필요한 것이 아닙니다. 나이가 들수록, 신앙생활을 할수록 복음을 경험해야 합니다. 탕자의 비유에 등장하는 둘째 아들에게도 복음이 필요하지만, 맏아들에게 복음이 더 필요합니다. 복음을 계속해서 경험하지 않는다면, 자신도 모르게 맏아들처럼 행동할 수 있습니다.

야곱과 그의 아들들이 애굽으로 이주하는 것은 구속사에서 매우 중요합니다. 애굽의 풍요는 주변 나라에까지 영향을 끼쳤습니다. 애굽의 풍요 속에는 하나님의 큰 계획이 있습니다. 하나님은 하나님의 백성들을 일으키시기 위해 애굽을 사용하셨습니다.

하나님은 요셉을 '품는 사람'이 되게 하셨습니다. '샬롬을 이루는 사람'이 되게 하셨습니다. 하나님은 시련을 통해 요셉을 성숙하게 하셨습니다. 이처럼 시련을 통해 단련되고 깊어진 인격은 아름답습니다. 하나님은 아브라함에게 "땅의 모든 족속이 너로 말미암아 복을 얻을 것이라"고 말씀하셨습니다(창 12:3).

땅의 모든 족속이 복을 받게 하는 일에 쓰임 받으려면 옹졸

해서는 안 됩니다. 모든 사람을 품어야 합니다. 복음을 경험한 사람, 복음을 품은 사람은 마음이 좁지 않습니다. 폐쇄적이지 않습니다. 하나님의 마음을 가졌습니다. 하나님은 모든 민족을 구원하기 원하십니다. 하나님은 모든 사람을 품으셨습니다. 그러므로 하나님의 일에 쓰임 받으려면, 마음이 넓어야 합니다. 하나님의 사랑을 경험한 사람, 하나님을 마음에 품은 사람은 마음이 넓어야 합니다.

지금 우리는 복잡한 세상에서 살고 있습니다. 그 속에서 사람들과의 관계가 좁아지기 쉽습니다. 복잡한 세상에서 우리는 용서를 베푸는 자가 되어야 합니다. 어디를 가든 화해하게 하는 사람이 되어야 합니다.

하나님은 우리가 서로 사랑하기를 원하십니다. 용서하기를 원하십니다. 화목하게 하기를 원하십니다. 그러므로 우리는 복음의 능력으로 말미암아 심령이 회복되어 화해하게 하는 사람이 되어야 합니다. 화목하게 하는 사람이 되어야 합니다. 열방을 품어야 합니다.

9.

쓰임받는 인생은
고난을 이긴다

창세기 45:1-8

¹ 요셉이 시종하는 자들 앞에서 그 정을 억제하지 못하여 소리 질러 모든 사람을 자기에게서 물러가라 하고 그 형제들에게 자기를 알리니 그 때에 그와 함께 한 다른 사람이 없었더라 ² 요셉이 큰 소리로 우니 애굽 사람에게 들리며 바로의 궁중에 들리더라 ³ 요셉이 그 형들에게 이르되 나는 요셉이라 내 아버지께서 아직 살아 계시니이까 형들이 그 앞에서 놀라서 대답하지 못하더라 ⁴ 요셉이 형들에게 이르되 내게로 가까이 오소서 그들이 가까이 가니 이르되 나는 당신들의 아우 요셉이니 당신들이 애굽에 판 자라 ⁵ 당신들이 나를 이 곳에 팔았다고 해서 근심하지 마소서 한탄하지 마소서 하나님이 생명을 구원하시려고 나를 당신들보다 먼저 보내셨나이다 ⁶ 이 땅에 이 년 동안 흉년이 들었으나 아직 오 년은 밭갈이도 못하고 추수도 못할지라 ⁷ 하나님이 큰 구원으로 당신들의 생명을 보존하고 당신들의 후손을 세상에 두시려고 나를 당신들보다 먼저 보내셨나니 ⁸ 그런즉 나를 이리로 보낸 이는 당신들이 아니요 하나님이시라 하나님이 나를 바로에게 아버지로 삼으시고 그 온 집의 주로 삼으시며 애굽 온 땅의 통치자로 삼으셨나이다

사람들은 "인생은 고해(苦海)다"라고 말합니다. 살면서 고난을 피할 수 없기 때문입니다. 고난을 겪지 않고 살 수 없습니다. 고난은 고통스럽습니다. 그래서 사람들은 고난을 겪으며 "왜 나에게 이런 일이…"라고 질문합니다. 고난을 겪는 이유를 생각합니다. 자신이 잘못해서 겪는 고난은 이유가 분명합니다. 그런데 그 이유를 알지 못하면 더욱 힘들어지고, 대부분 사람들은 고난의 이유를 알지 못합니다.

고난은 해석하는 관점에 따라 달라집니다. 그래서 고난은 다면체입니다. 같은 고난은 없습니다. 고난의 크기와 종류는 다양합니다. 우리는 고난을 다 알지 못합니다. 이해하기 어렵습니다. 우리가 고난에 대해 무지하다는 것을 인정해야 합니다. 고난을 쉽게 생각해서는 안 됩니다. 자신이 고난을 경험했다고 해서 다른 사람의 고난을 대수롭지 않게 생각해서는 안 됩니다. 고난의 크기와 종류가 다양한 것처럼 고난을 대하는 반응도 다양합니다. 그러므로 고난에 어떻게 반응하는가가 매우 중요합니다.

고난을 겪을 때, 사람들은 자신이 죄를 지어서, 잘못해서 고난을 겪는다고 생각합니다. 이것이 고난에 대한 일반적인 생각입니다. 그런데 죄로 인해, 잘못으로 인해 고난을 겪는 것은 아닙니다. 잘못한 것이 없어도 고난을 겪습니다. 그러므로 고난을 쉽게 해석하려고 해서는 안 됩니다.

운명론적 관점으로 고난을 해석해도 안 됩니다. 자신이 고난 겪는 것을 운명이라고 생각하고 받아들이려고 해서는 더더욱 안 됩니다. 하나님의 사람은 모든 일에 섭리를 생각해야 합니다. 그런데 하나님의 섭리를 이해하는 것은 쉽지 않습니다.

고난을 해석하는 통찰력을 갖추라

요셉은 애굽의 총리가 되어 형들 앞에 섰습니다. 형들을 본 요셉은 자신의 마음을 다스리지 못하여 소리를 질렀습니다.

> 요셉이 그 형들에게 이르되 나는 요셉이라 내 아버지께서 아직 살아 계시니이까 형들이 그 앞에서 놀라서 대답하지 못하더라 창 45:3

자신들이 괴롭히고 노예로 팔았던 요셉이 애굽의 총리가 된 것을 보고 형들은 놀랐을 것입니다. 또 두려웠을 것입니다. 꿈에도 생각하지 못한 일이 일어났습니다.

형들은 곡식을 사러 애굽에 와서 자기들을 소개하면서 요셉이 '없어졌다'고 말했습니다(창 42:13). 그런데 요셉은 "나는 당신들의 아우 요셉이니 당신들이 애굽에 판 자라"고 말합니다(창 45:4). 형들은 가해자요, 요셉은 피해자입니다. 형들은 요셉에게 돌이킬 수 없는 잘못을 했습니다. 형들은 요셉이 입은 채색옷을 벗겼습니다. 요셉을 잡아 구덩이에 던졌습니다. 그리고 요셉을 애굽에 노예로 팔았습니다. 지금 요셉 앞에 서 있는 형들은 긴장했을 것입니다. 애굽의 총리인 요셉의 얼굴을 제대로 쳐다볼 수 없었을 것입니다.

그런데 요셉은 형들에게 "내게로 가까이 오소서"라고 말했습니다(창 45:4). 이제 형들과 요셉은 애굽에 곡식을 사러 온 사람과 애굽의 총리 관계가 아닙니다. 요셉은 마음이 따뜻했습니다. 요셉은 형들을 이미 용서했습니다. 요셉은 형들을 환대했습니다. 요셉은 형들에게 분노하지 않았습니다. 형들에 대한 트라우마가 전혀 없었습니다.

> 당신들이 나를 이 곳에 팔았다고 해서 근심하지 마소서 한탄하지 마소서 하나님이 생명을 구원하시려고 나를 당신들보다 먼저 보내셨나이다 창 45:5

요셉은 형들이 자신에게 한 일에 초점을 맞추지 않았습니다. 하나님이 자신의 삶에 행하신 일에 초점을 맞추었습니다. 요셉은 영적 통찰력이 있었습니다.

> 사람이 마음으로 자기의 길을 계획할지라도 그의 걸음을 인도하시는 이는 여호와시니라 잠 16:9
> 사람의 걸음은 여호와로 말미암나니 사람이 어찌 자기의 길을 알 수 있으랴 잠 20:24

우리가 마음으로 많은 것을 계획하고 노력해서 일을 이루는 것이 아닙니다. 하나님이 이끄시기 때문에 일이 이루어집니다. 제비를 뽑든 무엇을 계획하든 모든 것이 하나님의 뜻대로, 하나님의 마음대로 됩니다. 그러므로 하나님의 주권을 믿어야 합니다.

사물과 사건을 바라보는 관점이 매우 중요합니다. 어떤 관점으로 보느냐에 따라 사물과 사건을 다르게 해석할 수 있습니다. 하나님이 모든 것을 주도하십니다. 하나님이 결론을 내리십니다. 이것을 믿기 때문에 우리는 담대하고 평안합니다.

요셉은 형들이 자신을 애굽의 노예로 판 것이 아니라, 하나님이 이스라엘 백성을 구원하시려고 자신을 먼저 애굽으로 보내셨다고 해석했습니다. 만약 하나님을 생각하지 않은 채 형들이 자신에게 한 것만 생각했다면, 요셉은 피해의식에 사로잡혀 분노하며 살았을 것입니다.

고난을 어떻게 해석하는가가 중요합니다. 어떻게 해석하는가에 따라 의미가 달라집니다. 고난을 올바르게 해석하는 사람은 이겨 낼 수 있습니다. 그러나 고난을 올바르게 해석하지 못하면, 더 큰 어려움을 겪을 수 있습니다. 그런데 올바르게 해석하기가 어렵습니다. 잘못 해석하면 오히려 인생이 복잡해질 수 있습니다. 꿈도 그렇습니다. 그런데 꿈 해석에 탁월한 요셉은 자신이 겪은 고난도 올바르게 해석했습니다. 요셉은 피해의식이 전혀 없었습니다. 고난을 통해 성숙해졌기 때문입니다.

하나님을 아는 사람은 고난을 올바르게 해석할 수 있습니다. 하나님을 아는 사람은 세상을 보는 관점이 다릅니다. 하나님을 알아 갈수록 새로운 관점으로 세상을 볼 수 있습니다.

하나님의 목적은 생명구원

요셉은 형들이 자신에게 행한 것에 초점을 맞추지 않고 하나님이 자신에게 행하신 것에 초점을 맞추었습니다. 요셉은 사람이 삶을 움직일 수 없다는 것을 알았습니다. 그래서 요셉은 하나님이 자신에게 행하신 것에 몰두했습니다. 하나님이 행하신 것에 몰두했으므로 요셉은 형들을 기꺼이 용서할 수 있었습니다.

지금 요셉은 오히려 형들을 위로하고 있습니다. 형들이 과거 요셉에게 한 일로 근심하고 한탄하고 있다는 걸 알았습니다. 그런 형들에게 요셉은 모든 것을 하나님이 하셨다고 했습니다. 하나님이 목적을 가지고 행하셨다고 했습니다. 하나님이 생명을 구원하시려고 자신을 애굽에 보내셨다고 말했습니다. 요셉은 하나님이 행하신 일을 드러냈습니다. 요셉은 하나님의 목적을 분명히 알았습니다. 하나님의 목적은 '생명 구원'입니다.

하나님은 요셉과 함께하시며 하나님의 목적, 하나님의 마음을 알게 하셨습니다. 이것이 하나님과 함께하는 사람이 누리는 복입니다. 하나님과 함께하는 사람은 그분의 마음을 알 수 있습니다. 하나님의 마음을 아는 것이 신앙의 핵심입니다.

요셉이 처음에는 자신이 겪는 고난을 이해하지 못했을 것입니다. 그런데 어느 순간 눈이 열려 하나님의 섭리를 깨달았습니다. 이후 요셉은 사물과 사건을 해석하는 관점이 달라졌습니다. 사물과 사건을 새롭게 해석하게 되었습니다. 하나님의 목적을 깨달은 요셉은 형들을 기꺼이 용서할 수 있었습니다. 형들이 더 이상 밉지 않았습니다. 용서하고 싶다고 용서할 수 있는 것이 아닙니다. 하나님의 목적, 하나님의 마음을 깨달아야 합니다. 이걸 깨달은 사람은 온전히 용서할 수 있습니다.

우리가 알거니와 하나님을 사랑하는 자 곧 그의 뜻대로 부르심을 입은 자들에게는 모든 것이 합력하여 선을 이루느니라 롬 8:28

하나님이 이루시는 '선'은 구원을 의미합니다. 모든 것이 잘 되었어도 구원받지 못하면 잘 된 것이 소용없습니다.

사업이 잘되는 것을 목표해서는 안 됩니다. 물론 사업이 잘 되어야 합니다. 사업이 잘되는 것보다 중요한 것은 그 일을 통해 구원의 역사가 얼마나 일어났는가입니다. 병이 낫는 것도 중요하지만, 그 병으로 구원받은 사람이 있다면 결코 불행이 아닙니다. 그러므로 요셉은 형들이 자신에게 행한 일로 상처받지 않았습니다. 요셉은 자신이 겪은 일을 통해 하나님이 행하신 일을 생각하며 놀랐습니다. 요셉은 관점이 분명했습니다.

> [12] 형제들아 내가 당한 일이 도리어 복음 전파에 진전이 된 줄을 너희가 알기를 원하노라 [13] 이러므로 나의 매임이 그리스도 안에서 모든 시위대 안과 그 밖의 모든 사람에게 나타났으니 [14] 형제 중 다수가 나의 매임으로 말미암아 주 안에서 신뢰함으로 겁 없이 하나님의 말씀을 더욱 담대히 전하게 되었느니라 [15] 어떤 이들은 투기와 분쟁으로, 어떤 이들은 착한 뜻으로 그리스도를 전파하나니 [16] 이들은 내가 복음을 변증하기 위하여 세우심을 받은 줄 알고 사랑으로 하나 [17] 그들은 나의 매임에 괴로움을 더하게 할 줄로 생각하여 순수하지 못하게 다툼으로 그리스도를 전파하느니라 [18] 그러면 무엇이냐 겉치레로 하나 참으로 하나 무슨 방도로 하든지 전파되는 것은 그리스도니 이로써 나는 기뻐하고 또한 기뻐하리라 빌 1:12-18

바울은 많은 고난을 경험했습니다. 죽을 고비를 많이 넘겼습니다. 억울한 일을 많이 겪었습니다. 감옥에 갇히기도 했습니다. 요셉이 고난을 많이 겪었지만, 바울에 비하면 아무것도 아닙니다. 그럼에도 바울은 "나는 기뻐하고 또한 기뻐하리라"고 말했습니다.

빌립보서는 바울이 로마 감옥에 있을 때에 쓴 옥중서신입니다. 바울은 자신에게 일어난 일을 중요하게 생각하지 않았습니다. 사람들이 자신을 어떻게 생각하는가도 중요하게 생각하지 않았습니다. 그는 자신의 형편이 어떠하든지 예수님을 전할 수 있고, 복음이 전해지는 것으로 기뻐했습니다.

상처를 잘 받는 사람은 자신에게 관심이 많습니다. 자신에게 지나치게 집중하다 보면 상처를 받을 수밖에 없습니다. 오늘날 현대인들은 상처를 잘 받습니다. 지나친 자기애 때문입니다. 자신만 생각하는 사람은 상처받으려고 준비하는 것이나 다름없습니다.

요셉은 자기중심으로 생각하지 않았습니다. 요셉은 '큰 구원'을 말했습니다. 하나님은 요셉과 요셉 가족만 구원하신 것이 아닙니다. 이스라엘 민족만 구원하신 것이 아닙니다. 하나님은 '큰 구원', 즉 온 인류와 열방을 구원하기 원하셨습니다. 인류를 구원하기 원하시는 하나님이 요셉을 먼저 애굽에 보내셨습니다. 하나님은 야곱 가족 70명을 애굽으로 오게 하신 것을 통해 온 열방을 구원하시려고 계획하셨습니다. 요셉은 하나님의 구원 계획을 알았습니다.

예수님은 "인자가 온 것은 잃어버린 자를 찾아 구원하려 함이니라"고 말씀하셨습니다(눅 19:10). 여기서 '잃어버린 자'는 죄를 지은 사람, 하나님을 떠난 사람을 가리킵니다. 예수님은 이들을 구원하기 위해 이 세상에 오셨습니다. 이것이 성경의 주제입니다. 하나님에게는 멋진 계획이 있습니다. 바로 구원 계획입니다. 구원 계획은 하나님의 여러 계획 중 가장 큰 계획입니다. 그러므

로 우리는 하나님의 구원 계획에 초점을 맞추어 성경을 읽어야
합니다.

하나님의 꿈을 꾸는 자

요셉은 하나님이 구원 계획을 이루시기 위해 자신을 사용하
셨다는 것을 알았습니다. 요셉은 하나님의 마음을 알았습니다.
요셉은 자신이 하나님의 구원 계획에 쓰임 받은 것으로 인해 감
격했습니다. 그렇게 생각하니 형들로 인해 고난을 겪은 것은 전
혀 문제 되지 않았습니다.

요셉은 "하나님이 나를 바로에게 아버지로 삼으시고 그 온
집의 주로 삼으시며 애굽 온 땅의 통치자로 삼으셨나이다"라고
말했습니다(창 45:8). 하나님이 자신의 삶에 행하신 일을 말했습니
다. 요셉은 형들이 자신의 삶을 움직일 수 없다는 것을 알았습니
다. 우리의 삶도 마찬가지입니다. 이 땅에서 사는 동안 우리가 무
엇을 해야 할까요? 하나님의 구원 역사에 쓰임 받기를 바랍니다.

요셉은 하나님이 자신을 이끄셨다고 고백했습니다. 우리도
이런 관점을 가져야 합니다. 하나님의 구원 역사에 초점을 맞추
고 살아야 합니다. 하나님의 구원 역사에 초점을 맞추고 사는 사
람은 마음이 넓습니다. 별것 아닌 일에 상처받지 않습니다. 대수

롭지 않은 일에 에너지를 사용하지 않습니다. 본질이 아닌 것에 신경 쓰지 않습니다. 요셉은 하나님이 자신을 애굽으로 오게 하시고 애굽의 통치자가 되게 하셨다고 고백했습니다.

꿈을 꾸는 사람은 고난을 겪습니다. 하나님이 꿈을 주시는 사람은 고난을 겪습니다. 사명자는 고난을 겪습니다. 그런데 고난을 겪는 것으로 끝나면 안 됩니다. 하나님이 고난을 겪게 하시는 데에는 이유가 있습니다. 하나님은 고난을 통해 우리에게 말씀하십니다. 그러므로 하나님께 "하나님, 왜 저에게 이런 고난을 겪게 하십니까?" "이 고난을 통해 하나님이 무엇을 하기 원하십니까?"라고 물어야 합니다.

> [7] 너희가 참음은 징계를 받기 위함이라 하나님이 아들과 같이 너희를 대우하시나니 어찌 아버지가 징계하지 않는 아들이 있으리요 [8] 징계는 다 받는 것이거늘 너희에게 없으면 사생자요 친아들이 아니니라
> 히 12:7-8

고난의 목적을 깨달아야 합니다. 평소에는 사명을 생각하지 않습니다. 그런데 고난을 통해 자신의 사명이 무엇인지 발견할 수 있습니다.

예수님을 믿기 때문에 겪는 고난이 있습니다. 사람들에게 미움을 받기도 합니다. 그것은 이상한 일이 아닙니다. 예수님을 믿기 때문에 겪는 고난은 그리스도인이라는 표지입니다. 그러

므로 예수님을 믿는 사람은 고난을 겪는 것이 당연합니다. 하나님은 고난을 통해 하나님의 구원을 이루십니다.

바울은 예수님을 만나기 전 율법을 지키려고 노력했습니다. 하나님께 인정받으려고 노력했습니다. 그는 자신에게만 관심을 가졌습니다. 자신의 공로로 하나님 앞에 서려고 했습니다. 오직 자신을 주목했습니다. 그런데 부활하신 예수님을 만난 후 바울은 달라졌습니다. 하나님의 마음을 깨달았습니다. 하나님이 무엇을 원하시는가를 깨달았습니다.

구원의 의미를 깨달은 사람은 하나님을 믿지 않는 사람들을 생각합니다. 예수님을 알지 못한 채 살아가는 사람들을 생각합니다. 망가진 세상 속에서 신음하는 사람들을 구원하기 원하시는 하나님의 마음을 깨닫습니다. 퍼즐 조각 하나만 보면, 그것이 무엇을 의미하는지 알 수 없습니다. 전체 그림을 보아야 퍼즐 조각 하나가 무엇을 의미하는지 알 수 있습니다. 요셉의 삶은 하나님의 구원 드라마 가운데 하나의 퍼즐 조각과 같습니다. 요셉의 삶이 하나님의 구원 드라마에서 무엇을 의미하는지 서서히 드러나고 있습니다.

하나님이 큰 구원으로 당신들의 생명을 보존하고 당신들의 후손을 세상에 두시려고 나를 당신들보다 먼저 보내셨나니 창 45:7

요셉은 하나님이 큰 구원을 이루시기 위해 자신을 사용하셨다고 고백했습니다. 하나님은 세상 구원을 이루시기 위해 요셉을 애굽으로 이끄셨습니다. 고난을 겪는 동안에는 힘들었습니다. 그러나 요셉은 하나님이 목적을 이루시기 위해 자신을 사용하셨다는 것을 깨달았습니다. 요셉은 피해의식이 전혀 없었습니다. 자신이 겪은 고난을 고난으로만 여기지 않았습니다. 그래서 요셉은 형들을 환대할 수 있었습니다.

하나님이 우리를 택하시고 구원하신 것은 참으로 놀라운 일입니다. 그러므로 우리는 하나님의 구원 계획을 다 알 수 없습니다. 구원받은 사람에게는 아직 구원받지 못한 사람이 보입니다. 구원받지 못한 사람을 구원받게 하려고 노력할 때, 삶이 달라집니다.

살면서 고난을 겪어도, 우리는 좌절해서는 안 됩니다. 하나님이 우리를 포기하지 않으시기 때문입니다. 하나님은 우리를 통해 많은 사람을 구원하기 원하십니다. 이 세상에 구원받지 못한 사람이 남아 있기 때문에 하나님은 우리를 이 세상에 살게 하십니다. 이것을 믿고 살아가기 바랍니다.

10.

하나님의 의지를
누가 막겠는가

창세기 46:26-34

²⁶ 야곱과 함께 애굽에 들어간 자는 야곱의 며느리들 외에 육십육 명이니 이는 다 야곱의 몸에서 태어난 자이며 ²⁷ 애굽에서 요셉이 낳은 아들은 두 명이니 야곱의 집 사람으로 애굽에 이른 자가 모두 칠십 명이었더라 ²⁸ 야 곱이 유다를 요셉에게 미리 보내어 자기를 고센으로 인도하게 하고 다 고 센 땅에 이르니 ²⁹ 요셉이 그의 수레를 갖추고 고센으로 올라가서 그의 아 버지 이스라엘을 맞으며 그에게 보이고 그의 목을 어긋맞춰 안고 얼마 동 안 울매 ³⁰ 이스라엘이 요셉에게 이르되 네가 지금까지 살아 있고 내가 네 얼굴을 보았으니 지금 죽어도 족하도다 ³¹ 요셉이 그의 형들과 아버지의 가족에게 이르되 내가 올라가서 바로에게 아뢰어 이르기를 가나안 땅에 있던 내 형들과 내 아버지의 가족이 내게로 왔는데 ³² 그들은 목자들이라 목축하는 사람들이므로 그들의 양과 소와 모든 소유를 이끌고 왔나이다 하리니 ³³ 바로가 당신들을 불러서 너희의 직업이 무엇이냐 묻거든 ³⁴ 당 신들은 이르기를 주의 종들은 어렸을 때부터 지금까지 목축하는 자들이 온데 우리와 우리 선조가 다 그러하니이다 하소서 애굽 사람은 다 목축을 가증히 여기나니 당신들이 고센 땅에 살게 되리이다

요셉은 계속해서 "하나님이-"라고 말했습니다(창 45:5, 7-9).
요셉의 이야기에서 주어는 하나님이십니다. 이처럼 요셉 이야
기의 중심에는 하나님이 계십니다. 요셉의 이야기에서 중요한
것은 요셉이 어떻게 살았는가가 아니라, 하나님이 요셉을 어떻
게 다루시는가입니다. 우리는 요셉의 이야기를 통해 하나님을
알아 가야 합니다.

요셉은 모든 일을 하나님 중심으로 해석했습니다. 요셉은
자신에게 일어난 일을 통해 신실하게 일하시는 하나님을 경험
했습니다. 우리도 이런 관점을 가져야 합니다. 무슨 일이든 현상
만 보고 일을 해석하려고 해서는 안 됩니다. 그것을 통해 하나님
이 무엇을 하시려는가, 하나님이 무엇을 말씀하시는가를 발견
해야 합니다. 이렇게 생각할 때, 하나님이 일하시는 것을 분명하
게 경험할 수 있습니다.

섭리를 믿으면 초조하지 않다

하나님은 살아 계십니다. 하나님은 계획하십니다. 그리고
그 계획을 실행하십니다. 하나님은 계획한 대로 실행하실 수 있
는 능력이 있습니다. 이것을 믿는 사람은 삶의 태도가 다릅니다.
불안해하거나 초조해하지 않습니다. 매사에 하나님의 섭리를

발견해야 합니다. 하나님의 섭리를 믿는 사람은 하나님의 역사를 믿습니다. 하나님의 섭리, 하나님의 역사를 믿는 사람은 자신이 있는 자리에서 열심히 합니다. 초조해하거나 걱정할 이유가 전혀 없습니다.

사람들은 모든 것이 하나님의 은혜라고 말하면서도, 실제로는 내가 열심히 일하기 때문에 먹고 산다고 생각합니다. 그러나 그렇지 않습니다. 하나님이 허락하셨기 때문에 우리가 먹고사는 것입니다. 우리가 열심히 노력해서 무언가를 이루는 것이 아닙니다. 우리가 계획하고 실행하는 데에는 한계가 있습니다. 그러므로 하나님이 무엇을 원하시는가를 물어야 합니다. 하나님이 주어가 되어야 합니다. 하나님이 무엇을 원하시는가를 아는 사람은 자신이 계획한 대로 되지 않아도 당황할 이유가 없습니다. 절망할 이유가 없습니다. 자신이 계획한 대로 되지 않을 뿐, 하나님은 하나님이 계획하신 대로 일하시기 때문입니다.

만약 하나님의 주권과 통치, 그분의 역사와 섭리를 믿지 못한다면, 우리는 매 순간 긴장할 수밖에 없습니다. 우리에게 무슨 일이 일어날지 알 수 없기 때문입니다. 하나님을 신뢰하지 못하면, 우리는 아무것도 소망할 수 없습니다.

인공지능(AI)을 통해 모든 것을 예측하는 시대를 살고 있습니다. 사람들은 스스로 더 나은 미래를 만들 수 있다고 말합니다. 그런데 그것은 근거 없는 낙관론에 불과합니다. 사람의 운명이 사람의 손에 있다면 얼마나 불안하겠습니까? 모든 것은 하나님 손에 있습니다. 하나님이 모든 상황을 통제하십니다. 그러므로 우리는 하나님께 우리 삶을 맡겨야 합니다. 우리는 "하나님, 제 삶을 하나님께 온전히 맡깁니다. 하나님이 이끄시는 대로 가겠습니다"라고 고백해야 합니다. 하나님을 온전히 신뢰해야 합니다.

요셉도 처음에는 자신에게 일어난 일을 받아들이기 힘들었을 것입니다. 그러나 시간이 지날수록 요셉은 자신에게 일어난 일 가운데 하나님의 간섭하심을 깨달았습니다. 이처럼 하나님이 사람의 실수와 악을 사용하실 때가 있습니다. 형들이 요셉을 미워하여 행한 악한 짓을 통해 하나님은 구원 계획을 이루셨습니다.

만약 형들이 요셉을 미워하지 않았다면, 애굽의 노예로 팔지 않았을 것입니다. 요셉은 늘 아버지 가까이에 있었을 것입니다. 그렇게 되면, 하나님의 구원 계획은 실패가 되었을지도 모릅니다. 그러나 하나님은 애굽으로 내려가는 이스마엘 사람들까지 사용하셔서 구원 계획을 이루셨습니다. 하나님은 소극적으로 선을 행하시는 분이 아닙니다. 하나님은 매우 적극적으로 선을 이루십니다. 반드시 선을 이루십니다.

우리가 살아가는 길은 평탄하지 않습니다. 마치 비포장도로 위에 있는 듯합니다. 굴곡이 많습니다. 그럼에도 하나님의 주권을 믿는다면, 느긋하게 살 수 있습니다. 하나님의 주권을 믿는다고 해서 자신이 해야 할 일을 소홀히 해서는 안 됩니다. 하나님의 주권을 믿는 사람은 더 의욕적으로 일해야 합니다. 하나님과 박자를 맞추어야 합니다.

바로의 꿈대로 애굽 땅에 7년 동안 풍년이 있은 후에 기근이 시작되었습니다. 애굽 땅에 기근이 심했습니다. 기근은 요셉 이야기에서 매우 중요합니다. 기근은 사람이 죽고 사는 것과 관계 있습니다. 지금도 기근을 겪는 사람이 지구촌 곳곳에 있습니다. 기근은 상징적입니다. 기근은 하나님의 저주를 의미합니다. 하나님을 떠난 사람은 결핍을 경험합니다. 이 결핍은 사람의 힘으로는 해결할 수 없습니다.

하나님은 애굽의 기근을 사용하셔서 요셉을 애굽의 총리가 되게 하셨습니다. 만약 애굽에 기근이 없었다면, 요셉은 애굽의 총리가 될 수 없었을 것입니다.

바로는 7년 풍년 후에 이어질 7년 흉년을 대비하여 요셉을 애굽의 총리가 되게 했습니다. 그리고 하나님은 이 기근을 통해 야곱의 가족을 애굽으로 오게 하셨습니다.

살던 곳을 어쩔 수 없이 떠나야 하는 때가 있습니다. 직장을 어쩔 수 없이 옮겨야 하는 때가 있습니다. 이처럼 어쩔 수 없이 변화를 경험할 때가 있습니다. 야곱의 가족이 그러했습니다. 그들은 가나안 땅에 살고 있었습니다. 가나안은 하나님이 아브라함에게 주신 약속의 땅입니다. 그러므로 야곱의 가족은 가나안 땅을 떠나면 안 됩니다.

그러나 하나님은 그들을 애굽으로 이주하게 만드십니다. 겉으로는 야곱의 가족이 단순히 양식을 구하기 위해 애굽으로 간 것처럼 보입니다. 그러나 그 배후에는 하나님의 큰 그림이 숨어 있습니다. 하나님은 그곳에서 이스라엘 민족을 일으키기 원하신 것입니다. 하나님은 계획을 이루시기 위해 요셉을 먼저 애굽으로 가게 하셨고 그를 애굽의 총리가 되게 하셨습니다. 그리고 야곱의 가족을 그곳으로 가게 하셨습니다.

바로는 요셉의 형들에게 호의를 베풀었습니다. 애굽의 좋은 땅을 요셉의 형들에게 주겠다고 약속했습니다. 애굽의 좋은 땅은 기름진 땅입니다. 바로는 요셉의 형들에게 필요한 것을 아낌없이 제공했습니다. 요셉의 형들은 최고의 대우를 받았습니다 (창 45:18-20).

또 바로는 그들에게 옷을 한 벌씩 주고, 베냐민에게는 은 삼백과 옷 다섯 벌을 주었다고 했습니다. 옷을 이야기하면, 생각나는 것이 있습니다. 형들은 요셉의 채색옷을 벗긴 후에 그를 구덩이에 던졌습니다. 그리고 숫염소를 죽인 후 채색옷을 숫염소의 피에 적셨습니다. 그런 요셉의 형들에게 바로는 새 옷을 선물했습니다.

그뿐만 아니라 수나귀 열 필에 애굽의 아름다운 물품을, 암

나귀 열 필에는 곡식과 떡과 양식을 실어 아버지 야곱에게 보내게 했습니다. 바로는 요셉의 형들에게 과도한 호의를 베풀었습니다. 요셉의 형들이 이런 호의를 받을 만합니까? 요셉이 형들의 잘못을 용서한 것만으로도 엄청난 것입니다. 바로에게 맞지 않은 것만으로도 형들은 감사해야 합니다.

우리와 하나님의 관계가 그렇습니다. 하나님은 우리에게 과분한 사랑을 베푸십니다. 이것이 은혜입니다. 하나님은 우리가 어떻게 살았는가를 아십니다. 그럼에도 하나님은 우리를 용서하셨습니다. 용서를 받은 것만 해도 놀라운 은혜인데, 하나님은 우리에게 엄청난 사랑을 베푸십니다. 그러므로 우리는 하나님께 "내게 부족함이 없습니다" "내 잔이 넘치나이다"라고 고백할 수밖에 없습니다.

섭리를 믿으면 생명을 누린다

²⁵ 그들이 애굽에서 올라와 가나안 땅으로 들어가서 아버지 야곱에게 이르러 ²⁶ 알리어 이르되 요셉이 지금까지 살아 있어 애굽 땅 총리가 되었더이다 야곱이 그들의 말을 믿지 못하여 어리둥절 하더니 ²⁷ 그들이 또 요셉이 자기들에게 부탁한 모든 말로 그에게 말하매 그들의 아버지 야곱은 요셉이 자기를 태우려고 보낸 수레를 보고서야

요셉의 형들은 야곱에게 가서 애굽에서 경험한 것을 보고했습니다. 요셉이 애굽의 총리가 되었다는 소식에 야곱은 감격했습니다. 죽은 줄 알았던 요셉이 살아 있을 뿐 아니라 애굽의 총리가 되었다고 하니 야곱은 믿을 수 없었습니다.

요셉의 형들은 요셉을 죽이려고 했습니다. 그러나 요셉을 죽이지 못했습니다. 그 후로도 요셉이 죽을 뻔했던 일은 많습니다. 그러나 하나님은 요셉을 죽게 하지 않으셨습니다. 요셉이 죽으면 안 됩니다. 요셉을 통해 하나님이 하실 일이 있었기 때문입니다. 요셉은 하나님의 구원 이야기에서 중요한 역할을 하고 있습니다. 하나님은 생명을 구원하는 일에 요셉을 사용하기 원하셨습니다. 그런데 요셉이 죽으면 이야기가 이상해집니다. 그러므로 요셉은 하나님의 관리 대상이었습니다.

영화를 보면, 주인공은 쉽게 죽지 않습니다. 적이 모든 것을 쏟아부어 공격합니다. 불길이 치솟습니다. 주인공이 쓰러집니다. 그런데 다시 일어납니다. 주어진 미션이 있기 때문입니다. 그러다가 주인공이 죽으면 영화가 끝납니다. 우리도 마찬가지입니다. 지금까지 죽을 뻔한 일이 많았지만 죽지 않았습니다. 사명자는 죽지 않습니다. 하나님 나라를 위해 부름 받은 사람은 죽고 싶어도 죽을 수 없습니다. 하나님의 사인(sign)이 없으면 죽을 수 없습니다.

바울이 그러했습니다. 바울은 죽을 뻔한 일을 여러 번 경험했습니다. 그러나 다시 살아났습니다. 하나님의 사람은 암에 걸렸어도 암 때문에 죽는 것이 아닙니다. 하나님이 사인하셔야 죽을 수 있습니다. 사람의 죽고 사는 것은 하나님께 있습니다.

창세기 45장 후반부에 보면, 야곱의 말년이 풀리는 것을 볼 수 있습니다. 그동안 야곱의 삶은 험악했습니다. 그는 모든 것을 움켜쥐려고 했습니다. 악을 쓰며 살았지만, 오히려 모든 것을 잃을 뻔했습니다. 야곱의 삶은 아슬아슬했습니다.

그런데 야곱의 삶이 놀랍게 변화되었습니다. 야곱은 말년에 요셉으로 인해 복을 받았습니다. 자신이 노력한 것과는 상관없이 복을 받았습니다. 이를 통해 복은 노력해서 쟁취하는 것이 아님을 알 수 있습니다. 복은 하나님이 주십니다. 하나님이 주시는 복이 참된 복입니다.

야곱뿐 아니라 많은 사람이 복을 누리게 되었습니다. 온 가족이 기근이 든 땅을 떠나 풍요로운 땅에서 살게 되었습니다. 하나님이 야곱의 가족을 풍요하게 하셨습니다. 야곱의 후손을 통해 일하시려는 하나님의 계획이 있기 때문입니다.

예수님을 알지 못했을 때, 우리의 삶은 기근 가운데 있었습니다. 결핍을 경험할 수밖에 없었습니다. 겨우 버티며 살았습니다. 예수님을 믿은 후, 우리의 삶이 달라졌습니다. 예수님을 믿고 난 후, 우리는 생명을 얻었을 뿐 아니라 생명을 풍성하게 누리게 되었습니다. 영원히 사는 복을 누리게 되었습니다.

요셉의 형제들과 야곱이 바로의 초청을 받고 애굽으로 갔습니다. 이 일은 요셉 이야기에서 중요한 전환점이 됩니다. 지금까지 야곱의 가족은 하나님이 약속하신 땅에서 살았습니다. 그런데 기근으로 인해 어쩔 수 없이 애굽으로 가야 했습니다. 야곱은 두려웠을 것입니다.

하나님이 이상(異像) 중에 야곱에게 나타나셨습니다. 하나님은 야곱에게 "나는 하나님이라 네 아버지의 하나님이니 애굽으로 내려가기를 두려워하지 말라 내가 거기서 너로 큰 민족을 이루게 하리라 내가 너와 함께 애굽으로 내려가겠고 반드시 너를 인도하여 다시 올라올 것이며 요셉이 그의 손으로 네 눈을 감기리라"고 말씀하셨습니다(창 46:3-4). 하나님이 야곱에게 하신 말씀은 세 가지로 정리해볼 수 있습니다.

첫째, 내가 너와 함께 애굽으로 내려가겠다.
둘째, 반드시 너를 인도하여 다시 올라올 것이다.
셋째, 요셉이 그의 손으로 네 눈을 감기리라.

지금 야곱은 애굽으로 가지만, 애굽이 야곱의 최종 목적지가 아닙니다. 하나님은 야곱의 가족을 통해 큰 민족을 이루실 것입니다. 하나님은 야곱의 가족을 가나안 땅으로 돌아오게 하실 것입니다. 그러므로 애굽에서 풍요롭게 사는 것으로 만족해서는 안 됩니다.

사람들은 과거의 고난을 빨리 잊으려고 합니다. 편안하게 살고 싶어 합니다. 그리고 삶이 편안해지면 편안한 상태에 만족합니다. 편안한 삶에 쉽게 익숙해집니다. 고난을 경험하려고 하는 사람은 없습니다. 사람들은 가능하면 고난을 피하려고 합니다. 이것이 사람의 본능입니다. 그런데 고난을 피하고 편한 삶에 익숙해지면 자칫 하나님을 잊을 수 있습니다. 하나님의 은혜로 기근에서 벗어났는데, 세월이 지나면 과거를 잊어버립니다. 하나님의 은혜를 잊어버립니다. 마귀는 사람의 본능을 이용하여 우리를 유혹합니다. 십자가를 경험하지 않아도 영광을 누릴 수 있다고 유혹합니다. 그러나 고난을 경험하지 않고 영광을 누릴 수는 없습니다.

마침내 성취하시는 하나님

창세기 46장 8-24절에 보면, 애굽으로 간 야곱 자손의 이름이 기록되어 있습니다. 구원을 이루어 가시는 일에 하나님은 한 사람 한 사람을 소중하게 여기십니다. 그래서 야곱 자손의 이름이 하나하나 다 기록되어 있습니다. 하나님은 야곱 자손 한 사람 한 사람을 통해 선을 이루셨습니다.

야곱의 가족 70명이 애굽으로 갔습니다. 이들을 통해 무슨 일이 일어날지, 하나님이 이들을 통해 무슨 일을 행하실지, 장차 얼마나 큰 민족이 될지 지금은 알 수 없습니다. 그러나 하나님은 이들을 통해 아브라함에게 말씀하신 것을 성취하십니다. 하나님은 이미 창세기 12장에서 아브라함에게 "내가 너로 큰 민족을 이루게 하겠다"라고 말씀하셨습니다. 이 말씀은 창세기 11-50장에 기록된 이야기의 핵심입니다. 요셉 이야기는 바로 이 약속의 말씀과 이어집니다. 약속을 이루시는 하나님, 말씀을 성취하시는 하나님입니다. 요셉의 이야기가 그 약속 안에 포함되어 있습니다.

요셉의 형들이 요셉을 미워한 것, 그가 애굽으로, 나아가 시위대장 보디발의 집으로 간 것, 감옥에 들어간 것, 술 맡은 관원장이 요셉을 잊은 것 등, 요셉의 삶에 일어난 일을 하나씩 살펴보면 그것이 무엇을 의미하는지 알 수 없습니다. 그러나 요셉의 삶을 전체적으로 살펴보면, 그의 삶의 크고 작은 일들이 무엇을 의미하는가를 알 수 있습니다. 요셉의 고난을 통해 요셉의 꿈이 이루어지는 것을 알 수 있습니다. 그리고 그 꿈은 하나님의 구원 계획이었습니다. 요셉은 이것을 깨달았습니다. 하나님이 요셉에게 이것을 깨닫게 하셨습니다. 자신이 경험한 고난의 의미를 깨달은 후, 요셉은 자기 인생을 재해석할 수 있었습니다.

창세기 6장에 보면, 사람의 죄악이 세상에 가득한 것과 사람의 마음으로 생각하는 모든 계획이 항상 악한 것을 아신 하나님은 사람을 지으신 것을 한탄하셨습니다. 그래서 홍수로 세상을 멸하시고 지면에서 사람을 쓸어 버리기로 작정하셨습니다. 그런데 하나님은 노아의 가족만은 살려 두셨습니다. 하나님은 노아의 가족을 방주에 들어가게 하셔서 살려 두셨습니다.

그 후로 하나님은 아브라함에게 "내가 네게 큰 복을 주고 네 씨가 크게 번성하여 하늘의 별과 같고 바닷가의 모래와 같게 하리니 네 씨가 그 대적의 성문을 차지하리라"고 말씀하셨습니다 (창 22:17). 아브라함에서 시작하여 마침내 야곱의 가족이 70명으로 늘어났습니다. 이를 통해 후에 이스라엘 민족이 태동합니다. 이 속에는 하나님의 약속이 들어 있습니다.

야곱의 가족이 애굽으로 이동한 것을 한 가정이 이민한 것으로 생각할 수 있습니다. 더 나은 환경에서 살기 위해 애굽으로 가는 한 가정의 이야기로 생각할 수 있습니다. 그러나 이를 통해 하나님의 약속이 성취됩니다. 야곱의 가족 70명을 통해 무슨 일이 일어날까요? 지금은 아무도 모릅니다.

바로는 야곱의 가족을 고센 땅에서 살게 했습니다. 고센 땅은 애굽에서도 비옥한 지역입니다. 노아의 가족을 방주에 보호하셔서 홍수 심판을 면하게 하신 하나님은 야곱의 가족을 기근으로부터 보호하셨습니다. 하나님은 야곱의 가족을 통해 이스라엘 민족을 구원하시려고 그들을 고센 땅에 살게 하셨습니다.

그 시작은 요셉이 애굽에 노예로 팔려 간 사건입니다. 요셉이 애굽의 총리가 된 사건입니다. 이 사건이 야곱의 가족 70명을 이끌어 이스라엘 민족의 기틀을 마련했습니다. 후에 이스라엘 민족은 3백만 명으로 늘어납니다. 이스라엘 민족은 하나님의 언약을 이루는 민족이 되었습니다. 이것은 야곱도, 요셉도, 애굽의 바로도 생각하지 못한 일입니다. 하나님이 이 일을 이루셨습니다. 하나님이 하시는 일은 참 놀랍습니다.

성경은 구원의 책입니다. 하나님은 구원의 드라마를 연출하고 기획하십니다. 이 드라마의 중심 이야기는 하나님의 언약입니다. 하나님은 우리를 구원하심으로 하나님의 언약을 이루십니다. 성경은 약속의 책입니다. 성경에는 하나님의 약속, 하나님의 언약이 가득합니다. 하나님은 언약의 하나님이십니다. 하나님은 하나님의 백성과 언약하십니다. 하나님은 약속하신 것을 반드시 이루십니다. 우리는 신실하신 하나님을 믿습니다.

⁵ 야곱의 허리에서 나온 사람이 모두 칠십이요 요셉은 애굽에 있었더라 ⁶ 요셉과 그의 모든 형제와 그 시대의 사람은 다 죽었고 ⁷ 이스라엘 자손은 생육하고 불어나 번성하고 매우 강하여 온 땅에 가득하게 되었더라 출 1:5-7

야곱 한 사람을 통해 70명의 대가족을 이루었습니다. 이스라엘 자손은 생육하고 불어나 번성했습니다. 하나님이 히브리 민족을 번성하게 하셨습니다. 하나님이 하신 일을 누가 막을 수 있겠습니까? 이처럼 하나님의 구원 역사는 놀랍게 이루어졌습니다.

기독교의 시작은 미미했습니다. 예수님의 제자는 열두 명이었습니다. 누가복음 10장에 보면, 예수님은 70명을 보내 복음을 전하게 하셨습니다. 사도행전 1장에 보면, 마가의 다락방에 120명이 모여 마음을 같이하여 기도에 힘썼습니다. 사도행전 2장에 보면, 베드로의 설교를 듣고 3천 명이 세례를 받았습니다. 나중에는 셀 수 없이 많은 사람이 믿게 되었습니다.

지금도 하나님의 사람은 계속해서 많아지고 있습니다. 한국은 영적, 물질적으로 기근의 땅이었습니다. 그러나 1907년 평양 대부흥 이후, 한국의 신도 수가 급속도로 늘어났습니다. 역사적으로는 혼란기였습니다. 일제 강점기와 6·25 한국전쟁으로 나라 전체가 폐허가 되었습니다. 먹을 것이 없었습니다. 그러나 고난 가운데서 복음은 빠르게 퍼졌습니다. 그리하여 오늘날 한국의 기독교는 전 세계가 주목할 만큼 성장했습니다. 하나님이 특별한 은혜를 이 땅에 주셨습니다.

지금 우리는 마지막 시대를 살고 있습니다. 영적으로 방황하는 사람이 많습니다. 이단이 기승을 부립니다. 앞으로 무슨 일이 일어날지 예측할 수 없습니다. 그러나 하나님은 쉬지 않고 일하십니다. 하나님은 크고 작은 일 가운데서 신실하게 일하십니다. 하나님은 구원 계획에 우리를 사용하기 원하십니다. 하나님은 우리를 통해 하나님의 영광을 드러내기 원하십니다. 하나님은 구원 역사를 완성하실 때까지 우리 안에서 일하십니다. 우리를 사용하십니다.

하나님의 일과 우리가 하는 일은 별개가 아닙니다. 우리는 하나님의 이야기 속에 들어 있습니다. 하나님은 우리를 통해 하나님의 섭리를 이루기 원하십니다. 우리는 연약하지만, 하나님은 완전하십니다. 하나님은 우리를 향한 하나님의 계획을 반드시 이루십니다. 하나님은 지치지 않으십니다. 하나님은 우리와 항상 함께하십니다. 그러므로 아무리 힘들어도 포기해서는 안 됩니다. 하나님께 더 가까이 나아가야 합니다. 하나님을 더 알아가야 합니다. 하나님은 포기하지 않으신다는 것을 믿어야 합니다. 그때 하나님은 우리에게 용기를 주십니다. 우리를 위로하십니다. 우리를 승리하게 하십니다.

11.

하나님과
함께함이
복이다

¹² 요셉이 아버지의 무릎 사이에서 두 아들을 물러나게 하고 땅에 엎드려 절하고 ¹³ 오른손으로는 에브라임을 이스라엘의 왼손을 향하게 하고 왼손으로는 므낫세를 이스라엘의 오른손을 향하게 하여 이끌어 그에게 가까이 나아가매 ¹⁴ 이스라엘이 오른손을 펴서 차남 에브라임의 머리에 얹고 왼손을 펴서 므낫세의 머리에 얹으니 므낫세는 장자라도 팔을 엇바꾸어 얹었었더라 ¹⁵ 그가 요셉을 위하여 축복하여 이르되 내 조부 아브라함과 아버지 이삭이 섬기던 하나님, 나의 출생으로부터 지금까지 나를 기르신 하나님, ¹⁶ 나를 모든 환난에서 건지신 여호와의 사자께서 이 아이들에게 복을 주시오며 이들로 내 이름과 내 조상 아브라함과 이삭의 이름으로 칭하게 하시오며 이들이 세상에서 번식되게 하시기를 원하나이다 ¹⁷ 요셉이 그 아버지가 오른손을 에브라임의 머리에 얹은 것을 보고 기뻐하지 아니하여 아버지의 손을 들어 에브라임의 머리에서 므낫세의 머리로 옮기고자 하여 ¹⁸ 그의 아버지에게 이르되 아버지여 그리 마옵소서 이는 장자이니 오른손을 그의 머리에 얹으소서 하였으나 ¹⁹ 그의 아버지가 허락하지 아니하며 이르되 나도 안다 내 아들아 나도 안다 그도 한 족속이 되며 그도 크게 되려니와 그의 아우가 그보다 큰 자가 되고 그의 자손이 여러 민족을 이루리라 하고 ²⁰ 그날에 그들에게 축복하여 이르되 이스라엘이 너로 말미암아 축복하기를 하나님이 네게 에브라임 같고 므낫세 같게 하시리라 하며 에브라임을 므낫세보다 앞세웠더라 ²¹ 이스라엘이 요셉에게 또 이르되 나는 죽으나 하나님이 너희와 함께 계시사 너희를 인도하여 너희 조상의 땅으로 돌아가게 하시려니와 ²² 내가 네게 네 형제보다 세겜 땅을 더 주었나니 이는 내가 내 칼과 활로 아모리 족속의 손에서 빼앗은 것이니라

성경에 보면, "아브라함의 하나님, 이삭의 하나님, 야곱의 하나님"이라는 구절이 여러 번 기록되어 있습니다. 이것은 하나님의 언약이 계승되는 것을 의미합니다. 구원의 하나님은 한 사람, 한 세대만이 아니라, 많은 사람, 모든 세대를 구원하기 원하십니다. 구원과 생명의 복이 계속해서 이어지기를 원하십니다.

하나님은 아브라함에게 "내가 내 언약을 나와 너 및 네 대대 후손 사이에 세워서 영원한 언약을 삼고 너와 네 후손의 하나님이 되리라"고 말씀하셨습니다(창 17:7). 하나님은 구원의 복이 몇 사람, 한 지역에만 한정되는 것을 기뻐하지 않으십니다. 하나님은 온 열방에, 모든 사람에게 복음이 전해지기를 원하십니다.

복 주시는 하나님

하나님은 요셉을 통해 야곱 가문을 일으키셨습니다. 하나님은 야곱 가문을 통해 이스라엘 민족을 일으키기 원하셨습니다. 하나님은 이스라엘 민족을 번성하게 하셔서 목적을 이루기 원하셨습니다.

이제 야곱의 생애가 얼마 남지 않았습니다. 야곱의 삶은 험난했습니다. 야곱의 삶에서 가장 힘들었던 일은 요셉을 잃은 사건이었습니다. 야곱은 요셉을 유독 사랑했습니다. 요셉을 잃은 후, 야곱은 말로 표현할 수 없을 만큼 힘들었을 것입니다. 그런데 죽었다고 생각했던 아들 요셉과 다시 만났습니다. 얼마나 기뻤을까요? 그뿐 아니라 야곱은 요셉의 두 아들도 보았습니다. 이처럼 야곱은 인생의 말년에 놀라운 복을 받았습니다.

요셉은 아버지가 자신의 두 아들을 축복하는 것을 보고 싶었습니다. 그래서 아들들을 데리고 아버지께 갔습니다. 야곱은 요셉의 아들을 위해 축복 기도를 했습니다. 야곱은 요셉을 사랑했던 만큼 요셉의 두 아들을 소중하게 생각했을 것입니다. 그래서 아낌없이 축복하고 싶었을 것입니다.

야곱은 장자의 축복이 얼마나 중요한가를 알았습니다. 그래서 아버지 이삭으로부터 축복을 받기 위해 형 에서에게 떡과 팥죽을 주고 형이 가진 장자의 명분을 가로챘습니다. 아버지를 속였습니다. 아버지 이삭은 그것을 알지 못한 채 야곱을 마음껏 축복했습니다. 야곱이 아버지로부터 장자의 축복을 받았기 때문에 에서는 장자였어도 아버지께 축복을 못 받았습니다.

이스라엘 족장의 축복 기도에는 예언적 의미가 있습니다. 축복 기도를 통해 이스라엘의 미래를 알 수 있습니다. 그러므로 축복은 굉장히 중요합니다. 축복한 대로 이루어집니다.

하나님은 우리에게 복을 주십니다. 하나님은 복의 근원이십니다. 사람을 통해서는 복을 받을 수 없습니다. 하나님과의 관계가 바르면, 하나님이 우리에게 복을 주십니다. 그러므로 하나님과의 바른 관계를 유지해야 합니다. 그런데 사람이 죄를 범하여 하나님과의 관계가 깨졌고, 하나님이 주신 복을 잃었습니다. 복을 잃었다는 것은 저주받았다는 의미입니다. 그리고 구원은 하나님이 사람에게 주신 복을 회복하는 것입니다. 죄로 인해 하나님과의 관계가 올바르지 않은 상태에서는 아무리 노력해도 복을 받을 수 없습니다.

오늘날 부모의 유산으로 인해 여러 가지 문제가 발생하고 있습니다. 경제적으로 어렵다 보니 젊은이들이 부모의 유산에 관심을 가집니다. 이로 인해 좋지 않은 일이 많이 일어나고 있습니다. 부모는 자녀에게 무엇을 물려줄 것인가를 생각해야 합니다. 자녀에게 물질적 재산을 물려주는 것은 결코 복이 아닙니다. 영적 재산을 자녀에게 물려주어야 합니다. 영적 재산을 계승하게 해야 합니다.

노아의 세 아들 중 함은 자손들까지 저주를 받았습니다. 복의 혈통이 있고, 저주의 혈통이 있습니다. 생명의 복은 세대를 계승합니다. 하나님과의 관계를 통해 복과 저주가 결정됩니다.

하나님은 아브라함에게 복을 약속하셨습니다. 아브라함이 받은 복은 자손에게 계승되었습니다. 하나님의 약속을 받은 언약의 백성을 통해 계승되었습니다. 그런데 이 개념이 신약 시대에는 달라졌습니다. 이제 혈통에 의해 복을 받는 것이 아닙니다. 복을 영적 개념으로 이해해야 합니다.

예수님은 "나는 포도나무요 너희는 가지라 그가 내 안에, 내가 그 안에 거하면 사람이 열매를 많이 맺나니 나를 떠나서는 너희가 아무 것도 할 수 없음이라"고 말씀하셨습니다(요 15:5). 하나님을 떠난 사람은 생명력이 전혀 없습니다. 하나님을 떠난 사람은 사는 것이 아니라 버팁니다. 열매가 전혀 없습니다. 삶이 허무합니다. 그러므로 하나님을 떠나는 것, 하나님으로부터 멀어지는 것이 바로 저주입니다.

하나님과 함께하는 것, 하나님과 좋은 관계를 맺는 것이 복입니다. 하나님과 함께하는 사람은 생명의 근원이신 하나님으로 인해 충만합니다. 하나님으로 인해 충만한 것이 복입니다. 하나님과의 관계가 바른 사람은 하나님이 주시는 생명으로 충만합니다. 하나님의 말씀으로 살며, 그분이 주시는 기쁨과 평강을 누립니다.

요셉의 삶에 고난이 많았지만, 하나님은 요셉과 함께하셨습니다. 하나님이 함께하시는 것이 복입니다. 하나님과 함께하며 하나님으로부터 생명을 공급받기 때문입니다. 그러므로 하나님과의 관계가 중요합니다.

자녀를 축복하라

¹⁵ 그가 요셉을 위하여 축복하여 이르되 내 조부 아브라함과 아버지 이삭이 섬기던 하나님, 나의 출생으로부터 지금까지 나를 기르신 하나님, ¹⁶ 나를 모든 환난에서 건지신 여호와의 사자께서 이 아이들에게 복을 주시오며 이들로 내 이름과 내 조상 아브라함과 이삭의 이름으로 칭하게 하시오며 이들이 세상에서 번식되게 하시기를 원하나이다 창 48:15-16

야곱은 자신이 태어날 때부터 지금까지 하나님이 자신을 기르셨다고 고백했습니다. 이것은 야곱의 간증이라고 할 수 있습니다. 환난 많은 세상에서 자신을 건져 주신 것처럼, 하나님이 요셉의 두 아들에게 복 주시길, 그래서 요셉의 두 아들이 환난을 겪지 않기를 소망했습니다.

우리는 망가진 세상에서 살고 있습니다. 우리가 사는 이 세상은 정상이 아닙니다. 에덴동산이 아닙니다. 우리는 악한 세상, 악이 번성하는 세상에서 살고 있습니다. 악은 하나님이 만들어 놓으신 선을 파괴합니다. 형들은 요셉을 노예로 팔았습니다. 요셉은 누명을 쓰고 감옥에 갇혔습니다. 어떻게 이런 일이 일어날 수 있습니까? 그런데 이것이 세상의 모습입니다. 이러한 세상에서 사는 동안 우리는 많은 고난을 경험합니다.

야곱도 역시 험악한 세월을 보냈습니다. 만약 하나님이 야곱을 보호하지 않으셨다면, 야곱은 생존할 수 없었을 것입니다. 하나님은 야곱을 보호하시고 악에서 구원하셨습니다.

예수님은 우리를 악에서 구원하시기 위해 악이 가득한 이 세상에 오셨습니다. 예수님은 세상에서 온갖 악행을 경험하셨습니다. 예수님은 십자가에 못 박혀서 사람이 행하는 악을 모두 경험하셨습니다. 십자가는 사람이 얼마나 악할 수 있는가를 보여 줍니다.

야곱의 하나님은 신실하십니다. 야곱이 경험한 하나님은 야곱만의 하나님이 아닙니다. 조부 아브라함의 하나님, 아버지 이삭의 하나님이셨습니다. 야곱의 하나님은 요셉의 하나님, 에브라임과 므낫세의 하나님이십니다. 하나님은 과거에도 살아 계셨고, 지금도 살아 계시며, 앞으로도 살아 계십니다.

우리의 믿음은 믿음의 조상 아브라함으로부터 이어져 오늘 우리에게까지 이르렀습니다. 그러므로 우리 앞에 수많은 믿음의 조상이 있었습니다. 우리 앞에 있는 믿음의 조상이 후손들을 위해 얼마나 기도했겠습니까? 지금 우리는 예수 그리스도 안에서 영적 계보를 이어 가고 있습니다.

이스라엘이 요셉에게 또 이르되 나는 죽으나 하나님이 너희와 함께 계시사 너희를 인도하여 너희 조상의 땅으로 돌아가게 하시려니와

창 48:21

야곱은 자신의 삶이 얼마 남지 않은 것을 알았습니다. 그래서 자손을 축복했습니다. 자손을 축복하는 것은 지금 야곱이 할 수 있는 것 중에 가장 위대한 것이었습니다. 야곱은 이제 자신은 죽지만 하나님이 요셉과 함께하시기를 소망하며 요셉을 축복했습니다.

부모는 유한(有限)합니다. 언젠가는 죽습니다. 부모는 자녀의 영원한 의지 대상이 될 수 없습니다. 그러므로 부모는 자녀를 축복해야 합니다. 하나님이 항상 자녀와 함께하시기를 기도해야 합니다. 하나님이 함께하시는 것보다 더 좋은 것은 없습니다. 하나님이 함께하시는 것으로 충분합니다.

그런데 오늘날 역기능 가정이 많습니다. 부모로 인해 망가진 가정이 많습니다. 역기능 가정은 불안정합니다. 가족끼리 상처를 주고받습니다. 역기능 가정이라도 하나님이 함께하시면 소망이 있습니다. 망가진 가정이라도 하나님이 함께하시면 회복됩니다.

야곱은 자신의 힘만으로는 살 수 없다는 것과 하나님과 함께하는 것이 가장 큰 복이라는 사실을 삶을 통해 경험했습니다. 하나님은 야곱과 늘 함께하셨습니다. 야곱을 떠나지 않으셨습니다. 이를 통해 야곱은 하나님을 의지하지 않으면 살아갈 수 없다는 것을 경험했습니다. 그래서 야곱은 이제 자신은 죽지만 하나님이 자녀들과 함께하시기를 기도했습니다.

영적 서열은 하나님이 정하신다

야곱은 자신의 아들들을 축복했습니다. 요셉은 자신의 두 아들도 아버지 야곱으로부터 축복을 받기 원했습니다. 그래서 두 아들을 이끌어 야곱 앞에 앉게 했습니다. 요셉은 큰아들 므낫세에게 아버지의 오른손을 얹게 하고, 작은아들 에브라임에게 아버지의 왼손을 얹게 하려고 했습니다. 이것이 일반적 생각입니다. 그런데 야곱은 므낫세에게 왼손을 얹고, 에브라임에게 오른손을 얹었습니다. 이것을 본 요셉은 놀랐습니다. 요셉은 아버지가 실수한 것이라 생각하고 바르게 고치려고 했습니다. 이때 야곱은 "나도 안다. 내 아들아 나도 안다"라고 말했습니다.

> [19] 그의 아버지가 허락하지 아니하며 이르되 나도 안다 내 아들아 나도 안다 그도 한 족속이 되며 그도 크게 되려니와 그의 아우가 그보다 큰 자가 되고 그의 자손이 여러 민족을 이루리라 하고 [20] 그날에 그들에게 축복하여 이르되 이스라엘이 너로 말미암아 축복하기를 하나님이 네게 에브라임 같고 므낫세 같게 하시리라 하며 에브라임을 므낫세보다 앞세웠더라 창 48:19-20

족장의 축복은 위력이 있습니다. 이처럼 야곱의 축복은 요셉의 두 아들의 미래를 바꾸어 놓았습니다. 사람의 머리로는 이해할 수 없는 일입니다. 그러나 영적 세계에서는 얼마든지 일어날 수 있는 일입니다. 야곱도 마찬가지였습니다. 야곱이 리브가의 태중에 있었을 때, 하나님은 "이 족속이 저 족속보다 강하겠고 큰 자가 어린 자를 섬기리라"고 말씀하셨습니다(창 25:23).

야곱의 열두 아들은 후에 이스라엘의 열두 지파를 이룹니다. 그런데 열두 지파를 살펴보면, 요셉의 이름 대신 그의 두 아들의 이름이 있습니다. 이처럼 요셉의 두 아들은 야곱의 아들들과 같은 반열에서 복을 받았습니다. 그리고 므낫세, 에브라임 지파는 다른 지파들보다 더 넓은 땅을 분배받았습니다.

세상은 상식적으로 움직이지만, 영적 세계에서는 상식으론 이해할 수 없는 일이 일어납니다. 그러므로 신자는 이해할 수 없는 일도 받아들여야 합니다. 경험해서 아는 것, 사회생활을 하면서 터득한 것으로 모든 것을 판단하려고 해서는 안 됩니다.

우리나라에서는 공자의 가르침을 중요하게 생각합니다. 장유유서(長幼有序)를 중요하게 생각합니다. 어디를 가든 서열을 따집니다. 그러나 영적 세계에서는 서열을 따지지 않습니다. 예수님은 "먼저 된 자로서 나중 되고 나중 된 자로서 먼저 될 자가 많으니라"고 말씀하셨습니다(마 19:30).

사무엘상에 보면, 어린 사무엘은 하나님의 음성을 들었지만, 엘리 제사장은 듣지 못했습니다. 엘리 제사장은 당시 최고 지도자였습니다. 그럼에도 하나님의 음성을 들은 지 오래되었습니다. 그는 기도하는 것과 술에 취한 것을 구분하지 못할 정도로 영적으로 노쇠했습니다.

복음은 사람의 생각과 질서를 무너뜨립니다. 복음이 역사하는 곳에는 새로운 질서가 생깁니다. 복음으로 말미암은 질서입니다. 하나님이 역사를 새롭게 쓰십니다. 예수님을 믿는 순간 복음으로 말미암아 인생이 반전됩니다.

영적 서열은 하나님이 정하십니다. 자신이 아무리 먼저 되려고 해도 소용없습니다. 하나님이 누구를 쓰시는가가 중요합니다. 하나님이 주목하시는 사람이 먼저 됩니다. 하나님은 그 사람을 쓰십니다.

세상에서는 나이, 직급 등 따지는 것이 많습니다. 서로 앞서려고 몸부림합니다. 자존심 싸움을 합니다. 그러나 영적 세계에서는 그렇지 않습니다. 누가 선임인가는 중요하지 않습니다. 하나님이 일하시는 방식은 다릅니다.

2세대가 1세대를 앞서야 합니다. 자녀 세대가 부모 세대보다 뛰어난 것은 아름다운 일입니다. 그러므로 부모 세대는 자녀 세대가 부모 세대보다 뛰어나기를 바라며 그들을 축복해야 합니다. 갈수록 더 나아져야 합니다. 그것이 복입니다. 복이 단절되지 않을 뿐 아니라, 복을 더 풍성하게 받아야 합니다.

모든 것을 갖추었다고 잘되는 것은 아닙니다. 부족하다고 해서 안 되는 것도 아닙니다. 모든 것은 하나님의 주권, 하나님의 계획에 따라 이루어집니다. 하나님이 쓰시는 것이 중요합니다.

자랑할 것이 없어도, 하나님이 쓰시면 놀라운 일이 일어납니다. 그러므로 하나님이 쓰시는 것이 중요합니다.

중요한 것은 복의 목적을 아는 것

민수기 1장에 보면, 이스라엘의 지파별로 20세 이상으로 싸움에 나갈 만한 각 남자를 계수한 결과가 기록되어 있습니다. 에브라임 지파에서 계수된 자는 4만 500명이었고(민 1:33), 므낫세 지파에서 계수된 자는 3만2,200명이었습니다(민 1:35). 야곱이 기도한 대로 에브라임 지파가 므낫세 지파보다 번성했음을 알 수 있습니다.

> 그는 첫 수송아지 같이 위엄이 있으니 그 뿔이 들소의 뿔 같도다 이것으로 민족들을 받아 땅 끝까지 이르리니 곧 에브라임의 자손은 만만이요 므낫세의 자손은 천천이리로다 신 33:17

모세가 예언한 대로 이루어졌습니다. 에브라임 지파는 므낫세 지파보다 번성했습니다. 강력했습니다. 한때 에브라임 지파는 이스라엘의 대명사가 되었습니다.

아무리 복을 받아도 받은 복을 잘 사용하지 않으면 유지할 수 없습니다. 받은 복을 바르게 사용하는 것이 중요합니다. 자신에게 주어진 복은 사명이지, 특권이 아닙니다. 그러므로 먼저 되는 것을 목표해서는 안 됩니다.

> 27 그러나 하나님께서 세상의 미련한 것들을 택하사 지혜 있는 자들을 부끄럽게 하려 하시고 세상의 약한 것들을 택하사 강한 것들을 부끄럽게 하려 하시며 28 하나님께서 세상의 천한 것들과 멸시 받는 것들과 없는 것들을 택하사 있는 것들을 폐하려 하시나니 29 이는 아무 육체도 하나님 앞에서 자랑하지 못하게 하심이라 고전 1:27-29

하나님의 은혜를 경험하는 것이 중요합니다. 하나님이 은혜를 주시는 곳에 역사가 나타납니다. 하나님이 사용해 주셔야 합니다. 교회의 크기, 교회의 전통을 자랑해서는 안 됩니다. 신앙 생활을 오래 한 것을 자랑해서는 안 됩니다. 과거에 경험한 일이 내 자랑이 되어서는 안 됩니다. 중요한 것은 지금입니다. 지금 하나님이 쓰시는가가 중요합니다. 내 노력이 아니라 하나님이 불러주시는 것이 중요합니다.

하나님이 주시는 복은 광범위합니다. 그런데 하나님이 복을 주시는 데에는 목적이 있습니다. 그 목적을 바로 아는 것이 중요합니다. 목적을 알지 못한 채 자신이 받은 복에만 몰두하면 더 나은 미래를 누릴 수 없습니다.

출애굽기에서는 무슨 일이 일어납니까? 요셉과 그의 모든 형제와 그 시대 사람이 다 죽었습니다. 이스라엘 자손은 생육하고 번성하여 매우 강해졌고 온 땅에 가득했습니다. 그때 요셉을 알지 못하는 새 왕이 일어납니다. 그가 이스라엘 백성을 압제합니다. 하나님의 백성이 시련을 겪습니다. 왜 이런 일이 일어납니까? 이스라엘 백성은 하나님의 백성이기 때문입니다. 하나님의 백성은 시련을 겪어야 합니다.

모세가 태어났을 때, 그의 어머니는 갈대 상자에 아기를 담아 나일강 가에 두었습니다. 바로의 딸이 갈대 상자를 건져 갈대 상자 안에 들어 있던 아기를 키웠습니다. 그리하여 모세는 바로의 궁궐에서 자라는 복을 누렸습니다. 당시 히브리 남자 아기는 모두 죽었지만, 그는 살아남았습니다. 하나님이 그를 살리셨습니다. 그는 바로의 궁궐에서 보호를 받았습니다. 모세가 누린 복입니다.

하나님이 우리에게 주신 것이 많습니다. 하나님이 주신 복에는 사명이 있습니다. 사명을 감당해야 합니다. 사명을 감당하지 못하면 복이 아무 의미 없습니다. 큰 복을 받았습니까? 복이 큰 만큼 사명도 큽니다. 사명이 크면 고난도 큽니다.

고난을 두려워하지 마세요. 고난을 허락하신 하나님은 고난을 이길 힘을 주십니다. 의미 없이 주어지는 것은 없습니다. 하나님의 목적을 이루기 위해 아름답게 쓰임 받기 바랍니다. 하나님의 인도를 기대하기 바랍니다.

12.

고난의 가지에
열매가 맺히다

창세기 49:22-26

²² 요셉은 무성한 가지 곧 샘 곁의 무성한 가지라 그 가지가 담을 넘었도다 ²³ 활쏘는 자가 그를 학대하며 적개심을 가지고 그를 쏘았으나 ²⁴ 요셉의 활은 도리어 굳세며 그의 팔은 힘이 있으니 이는 야곱의 전능자 이스라엘의 반석인 목자의 손을 힘입음이라 ²⁵ 네 아버지의 하나님께로 말미암나니 그가 너를 도우실 것이요 전능자로 말미암나니 그가 네게 복을 주실 것이라 위로 하늘의 복과 아래로 깊은 샘의 복과 젖먹이는 복과 태의 복이리로다 ²⁶ 네 아버지의 축복이 내 선조의 축복보다 나아서 영원한 산이 한 없음 같이 이 축복이 요셉의 머리로 돌아오며 그 형제 중 뛰어난 자의 정수리로 돌아오리로다

영국의 정치학자 토마스 모어(Thomas More)는 '유토피아(utopia)'라는 단어를 만들었습니다. 유토피아는 존재하지 않는 낙원이라는 의미입니다. 공산주의자들은 살기 좋은 세상을 만들기 위해 혁명을 일으켰습니다. 그러나 혁명을 통해 고난은 제거하지 못했습니다.

사람은 고난 없이 살기 원합니다. 그러나 이 땅에서 사는 동안 고난을 겪지 않을 수는 없습니다. 야곱과 요셉은 살면서 고난을 많이 겪었습니다. 그런데 그들이 고난만 겪은 것은 아닙니다. 고난을 통해 하나님을 경험했습니다.

어디에 심긴 나무인가

성경에 보면, 이삭의 이야기는 매우 짧게 기록되어 있습니다. 그에 비해 야곱과 요셉의 이야기는 매우 깁니다. 이것은 이삭의 삶은 매우 평온했고, 야곱과 요셉의 삶에는 우여곡절이 많았음을 의미합니다. 그들이 경험한 고난은 헛되지 않았습니다. 불행이라고 생각할 수 있는 일을 통해 그들은 하나님의 섭리를 경험했습니다. 고난을 통해 하나님이 주시는 복을 경험했습니다.

세상을 창조하신 하나님은 복의 하나님이십니다. 하나님은 온 세상에 복을 주십니다. 우리는 성경을 통해 하나님이 약속하신 복이 어떻게 퍼져 가는지를 알 수 있습니다. 그런데 무엇이 진정한 복입니까? 자신이 소원하는 대로 이루어지는 것을 복이라고 할 수 있을까요?

하나님이 세상을 창조하셨을 때, 세상은 복으로 충만했습니다. 그런데 사람이 죄를 지음으로 하나님이 주신 복을 잃었습니다. 복을 잃은 사람은 저주를 경험해야 했습니다. 이때부터 고난이 시작되었습니다. 죄로 인해 망가진 세상에서 사는 것 자체가 고난입니다. 사람은 이 세상에서 고난을 겪지 않고 살 수 없습니다.

세상은 안전하지 않습니다. 평화롭지 않습니다. 우리는 보람차게 살고 싶지만, 원하는 대로 살 수 없습니다. 죄를 범하여 에덴동산에서 쫓겨난 사람은 춥고 배고픕니다. 누군가와 함께 있어도 외롭습니다. 사람을 가까이하고 싶지만, 한편으로는 사람이 두렵습니다.

사람은 날마다 새로운 방법으로 죄를 짓습니다. 사람을 죽이는 도구가 날마다 발달합니다. 그래서 하나님은 홍수를 통해 세상을 심판하셨습니다. 세상에 죄가 가득하여 하나님이 세상을 심판하실 수밖에 없었습니다. 홍수 심판이 끝난 후, 사람들은 다시 죄를 범했습니다. 사람들은 자신의 이름을 드러내기 원하여 바벨탑을 쌓았습니다.

오늘날도 마찬가지입니다. 사람들은 자신의 이름을 드러내기 원합니다. 하나님 없이 살려고 합니다. 사람들은 자신에게 관심을 쏟습니다. 자신을 주목하고 내 행복을 위해 노력합니다. 그런데 그럴수록 오히려 불행해집니다. 사람들이 힘들어하는 이유가 무엇입니까? 자신이 원하는 대로 이루어지지 않기 때문입니다. 사람들은 만족하려고 노력하지만, 자신을 만족시킬 수는 없습니다.

바벨탑은 스스로 하나님이 되려고 한 결과입니다. 이러한 현상은 아담의 후손에게 계속 나타났습니다. 하나님은 바벨탑을 무너뜨리셨습니다. 그리고 사람이 사용하는 언어를 혼잡하게 하셔서 서로 알아듣지 못하게 하셨습니다. 하나님은 사람들을 온 땅에 흩어지게 하셨습니다. 이것이 창세기 11장까지 기록된 내용입니다. 하나님은 사람이 쌓은 바벨탑을 무너뜨리셨습니다. 창세기 12장부터는 복 이야기가 나옵니다. 하나님은 아브라함을 부르시고 복을 주겠다 약속하셨습니다. 그리고 이삭, 야곱, 요셉에게 복이 이어지게 하셨습니다.

> 요셉은 무성한 가지 곧 샘 곁의 무성한 가지라 그 가지가 담을 넘었도다 창 49:22

야곱은 자신이 사랑하는 아들 요셉을 아낌없이 축복했습니다. 야곱이 요셉을 축복한 내용은 가지에 열매가 탐스럽게 주렁주렁 열려 있는 모습을 연상하게 합니다. 샘 곁의 무성한 가지에는 물이 꽉 차 있습니다. 가지에 맺힌 열매마다 생명으로 충만합니다. 이것은 요셉의 삶을 은유적으로 표현한 것입니다. 요셉뿐만 아니라 그의 자손들이 누릴 복을 상징합니다. 요셉은 기근 가운데 풍성함을 경험했습니다. 이웃 나라에까지 곡식을 나누어 줄 정도로 풍성했습니다. 무성하다는 것은 저주받은 상태와 분명하게 대조됩니다. 생명으로 충만한 것을 의미합니다. 생명은 복입니다. 생명으로 가득한 상태가 복 있는 상태입니다. 생명을 주시는 분은 하나님이십니다. 하나님이 흙으로 사람을 지으시고 생기를 그 코에 불어 넣으시니 사람이 생령이 되었습니다. 반대로 저주받은 나무는 메마릅니다. 열매가 무성할 수 없습니다. 나중에는 불 속에 던져집니다. 그러므로 사람은 하나님과의 관계를 통해 생명을 경험할 수 있습니다.

하나님을 떠난 사람은 나무에서 잘린 가지와 같습니다. 생명이 전혀 없습니다. 시간이 지남에 따라 서서히 마릅니다. 열매를 맺을 수 없습니다. 열매 맺지 못하는 가지는 의미가 없습니다. 새롭게 살려면 새로운 생명이 있어야 합니다. 예수님이 주시는 생명이 새로운 생명입니다. 예수님과 연결되어 있어야 예수님을 통해 새로운 생명을 공급받습니다. 예수님을 통해 새로운 생명을 공급받으면 열매를 많이 맺습니다.

그는 시냇가에 심은 나무가 철을 따라 열매를 맺으며 그 잎사귀가 마르지 아니함 같으니 그가 하는 모든 일이 다 형통하리로다 시 1:3

창세기 49장의 "샘 곁의 무성한 가지"와 시편 1편의 "시냇가에 심은 나무"는 복을 의미합니다. 시냇가에 심은 나무, 샘 곁의 무성한 가지는 철을 따라 열매를 맺고 잎사귀가 마르지 않습니다. 철을 따라 열매를 맺는다는 것은 생명이 넘친다는 의미입니다. 뿌리로부터 영양분을 공급받아야 생명이 넘칩니다. 생명이 넘쳐야 가지가 무성하여 담을 넘습니다.

그러므로 어디에 심어졌는가가 중요합니다. 하나님의 생명과 연결되어야 있어야 생명이 넘칩니다. 열매를 맺습니다.

담을 넘어가는 축복

비록 노예로 팔려 왔지만, 요셉은 복을 풍성하게 받았습니다(창 39:3). 요셉이 복 받은 것을 그의 주인 보디발이 알았습니다. 하나님이 주시는 복은 숨길 수 없습니다. 말하지 않아도 다 드러납니다. 그래서 주위 사람까지 복을 누립니다. 하나님은 풍성하신 분입니다. 하나님은 우리가 구하거나 생각하는 모든 것에 더 넘치도록 능히 하십니다. 예수님을 통해 지극히 풍성한 하나님의 은혜가 드러났습니다. 바울은 예수 그리스도 안에서 자신이 경험한 풍성한 은혜를 다양하게 표현했습니다.

이는 그리스도 예수 안에서 우리에게 자비하심으로써 그 은혜의 지
극히 풍성함을 오는 여러 세대에 나타내려 하심이라 엡 2:7
우리 가운데서 역사하시는 능력대로 우리가 구하거나 생각하는 모
든 것에 더 넘치도록 능히 하실 이에게 엡 3:20
나의 하나님이 그리스도 예수 안에서 영광 가운데 그 풍성한 대로 너
희 모든 쓸 것을 채우시리라 빌 4:19

하나님이 우리에게 주시는 복은 우리의 필요를 채워 주시
는 정도가 아닙니다. 하나님이 주시는 복을 받을 때, 우리는 생
명으로 충만하신 하나님과 연결됩니다. 그럴 때, 우리는 하나님
의 생명을 공유하게 됩니다. 하나님과의 교제가 깊어질수록 우
리는 하나님으로 인해 풍성한 은혜를 경험할 수 있습니다.

가지가 담을 넘는다는 것은 자신의 한계에 갇히지 않는 것
을 의미합니다. 생명력이 충만하여 나누어 주며 사는 것을 의미
합니다.

우울한 사람을 만나면 덩달아 우울해집니다. 하나님과 연결
되어 있지 않은 사람은 환경의 영향을 받습니다. 이런 사람은 삶
이 불안합니다. 하루하루 사는 것이 힘듭니다. 활력이 없습니다.
이런 사람을 만나면 힘이 빠집니다. 생명의 복에서 멀기 때문입
니다. 샘 곁의 무성한 가지, 시냇가에 심은 나무는 어떤 어려움
도 이겨 냅니다. 잎사귀가 마르지 않습니다. 때를 따라 열매를
맺습니다. 우리는 삶의 여유가 있어야 합니다. 삶의 여유가 있으

면, 어떤 어려움도 이겨 냅니다. 그러나 여유가 없는 사람은 어려움을 이겨 내지 못합니다.

에덴동산은 물 댄 동산이었습니다. 그러나 에덴동산의 밖은 광야와 같았습니다. 물이 없고 건조한 곳이었습니다. 그곳에서는 목이 마를 수밖에 없습니다. 요한복음 4장에 등장하는 사마리아 여인의 삶이 그러했습니다. 사마리아 여인은 낮 열두 시에 물을 길으러 야곱의 우물에 왔습니다. 목마른 인생이었기 때문입니다. 남편이 여럿 있었지만, 목마름을 해결할 수 없었습니다. 목마름은 극심한 고통입니다. 사람은 자신이 왜 목마른지 알지 못합니다. 그래서 물을 길으러 다닐 수밖에 없습니다.

우리는 광야에서 살고 있습니다. 광야에서 사는 것은 고통스럽습니다. 문제를 해결하는 것만으로도 벅찹니다. 사람들은 계속해서 물을 길어야 목마름을 해결할 수 있습니다. 이것이 오늘날 세상의 모습입니다.

예수님은 사마리아 여인에게 "이 물을 마시는 자마다 다시 목마르려니와 내가 주는 물을 마시는 자는 영원히 목마르지 아니하리니 내가 주는 물은 그 속에서 영생하도록 솟아나는 샘물이 되리라"고 말씀하셨습니다(요 4:13-14). 예수님은 영생하도록 솟아나는 샘물을 사마리아 여인에게 소개하셨습니다. 이 샘물은 바로 예수님입니다.

또 예수님은 "나를 믿는 자는 성경에 이름과 같이 그 배에서 생수의 강이 흘러나오리라"고 말씀하셨습니다(요 7:38). 예수님은 생수의 강이십니다. 예수님은 예수님을 찾는 사람에게 생명을 주십니다. 그러므로 예수님을 만나는 사람은 영원히 목마르지 않습니다.

예수님은 "내 기쁨이 너희 안에 있어 너희 기쁨을 충만하게 하려 함이라"고 말씀하셨습니다(요 15:11). 죄를 범하여 에덴동산에서 쫓겨난 사람은 충만을 경험할 수 없습니다. 그러나 우리는 예수님으로 말미암아 충만한 복, 풍성한 복을 경험할 수 있습니다.

요셉으로 인해 보디발의 집, 나아가 온 애굽과 야곱의 가족 모두 복을 누렸습니다. 하나님은 요셉으로 인해 애굽은 물론 애굽의 주변 나라까지 기근을 경험하지 않게 하셨습니다. 이것은 샘 곁의 무성한 가지가 담을 넘은 좋은 예입니다. 야곱이 축복한 대로 요셉은 샘 곁의 무성한 가지와 같았습니다. 생명력이 넘쳤습니다. 그러므로 하나님께 붙어 있어야 합니다. 하나님이 붙드시는 인생이 되어야 합니다.

풍성한 열매의 축복

샘 곁의 가지는 생명이 충만하기 때문에 햇빛이 아무리 뜨거워도 마르지 않습니다. 이것이 하나님이 주시는 복입니다. 그래서 샘 곁의 가지는 담장을 넘습니다. 멀리 뻗습니다. 에너지가 소멸하지 않습니다. 번성합니다. 열매를 맺습니다.

우리와 함께하시는 하나님은 복의 원천이십니다. 그러므로 하나님과 함께하는 사람은 샘 곁의 가지처럼 풍성한 복을 받습니다. 우리는 예수님을 통해 이 복을 경험할 수 있습니다. 예수님을 믿는 사람은 예수님으로 말미암아 삶이 풍성해집니다.

> [9] 무명한 자 같으나 유명한 자요 죽은 자 같으나 보라 우리가 살아 있고 징계를 받는 자 같으나 죽임을 당하지 아니하고 [10] 근심하는 자 같으나 항상 기뻐하고 가난한 자 같으나 많은 사람을 부요하게 하고 아무 것도 없는 자 같으나 모든 것을 가진 자로다 고후 6:9-10

참된 신앙을 가진 사람은 마음이 부요합니다. 예수님이 늘 함께하시기 때문에 모든 것을 가진 자입니다. 예수님으로 인해 부족함을 느끼지 않습니다.

예수님은 잡히시기 전날 밤에 떡을 가지사 축복하시고 떼어 제자들에게 주시며 "받아서 먹으라 이것은 내 몸이니라"고 말씀하셨습니다(마 26:26). 또 잔을 가지사 감사 기도하시고 제자들에게 주시며 "너희가 다 이것을 마시라 이것은 죄 사함을 얻게 하려고 많은 사람을 위하여 흘리는 바 나의 피 곧 언약의 피니라"고 말씀하셨습니다(마 26:27-28).

예수님은 우리의 생수가 되십니다. 예수님은 생명의 떡이 되십니다. 그러므로 예수님과 함께하면 목마르지 않습니다. 배고프지 않습니다. 예수님을 믿는다고 고난이 없는 것은 아닙니다. 예수님을 믿어도 고난을 겪습니다. 그러나 저주는 없습니다. 예수님은 우리 대신 십자가에 못 박혀 죽으셨기 때문입니다. 예수님의 생명이 우리 안에 있기 때문입니다.

예수님은 십자가에 못 박히셔서 "내가 목마르다"라고 말씀하셨습니다(요 19:28). 예수님은 우리를 위해 십자가에 못 박히셨습니다. 예수님은 우리를 대신하여 십자가에 못 박혀 죽으심으로 우리 대신 고통과 저주를 경험하시고 우리에게 영원한 생명을 주셨습니다. 예수님은 영원한 생수를 우리에게 주셔서 우리가 영원히 목마르지 않게 하셨습니다.

예수님은 "내가 온 것은 양으로 생명을 얻게 하고 더 풍성히 얻게 하려는 것이라"고 말씀하셨습니다(요 10:10). 예수님은 우리에게 참 생명을 주시기 위해 이 세상에 오셨습니다. 예수님은 부활의 생명, 영원한 생명을 우리에게 주셨습니다.

우리는 예수님을 믿고 구원받은 것으로 만족해서는 안 됩니다. 예수님이 주신 생명으로 인해 우리의 삶이 달라져야 합니다. 하나님 안에 거해야 합니다. 하나님과 동행해야 합니다. 하나님의 임재를 날마다 경험하며 살아야 합니다. 하나님의 말씀을 가까이해야 합니다. 하나님을 의지해야 합니다. 날마다 하나님의 말씀을 묵상하고 기도함으로 믿음이 자라야 합니다.

시냇가에 심은 나무는 철을 따라 열매를 맺습니다. 잎사귀가 마르지 않습니다. 에너지가 충만합니다. 열매가 담을 넘습니다. 예수님 안에 사는 우리는 예수님이 주시는 생명으로 충만해야 합니다. 기쁨이 충만해야 합니다. 평안이 충만해야 합니다. 지혜가 충만해야 합니다. 은혜가 풍성해야 합니다. 이렇게 살아갈 때, 고난에 짓눌리지 않고 이겨낼 수 있습니다.

시련 중에 만난 전능자

요셉은 불과 같은 시련을 겪었습니다. 지금도 어디를 가든 사람을 모함하고 죽이는 화살이 여기저기 빗발칩니다. 화살을 맞은 사람은 신음합니다. 고대사회에서는 화살로 공격했지만, 요즘은 인터넷 악성 댓글을 통해 사람을 공격합니다. 마치 총을 겨누고 있는 듯합니다. 어디를 가든 우리를 힘들게 하는 사람이 있습니다. 적개심을 가진 사람과 함께 사는 것은 힘든 일입니다. 이처럼 사람들 때문에 겪는 어려움은 말로 다 표현할 수 없습니다.

연예인들은 자신을 좋아하는 사람이 많지만, 자신을 비난하는 한 사람으로 인해 극단적 선택을 합니다. 생명을 스스로 끊어 버립니다. 고난을 겪을 때는 힘듭니다. 인내심이 많아도, 고난을 견뎌 내기 어렵습니다. 고난을 이겨 내려고 노력하다가 오히려 더 지쳐 버립니다. 고난이 시작되었을 때는 어느 정도 견뎌 낼 수 있습니다. 그런데 시간이 지남에 따라 고난이 깊어지면 감당하기 어렵습니다.

산을 오르는 것은 쉽지 않습니다. 그래도 높지 않은 산은 힘들어도 정상까지 올라갑니다. 정상에 올라갔을 때에 느끼는 기쁨이 있습니다. 그러나 에베레스트 산은 오르기가 혹독합니다. 어느 정도 올라가면 고산증 현상이 나타납니다. 의식을 잃을 수 있습니다.

이와 마찬가지로 고난의 정도가 심해지면 감당하기 어렵습니다. 정신적으로 무너져 버립니다. 희망이 전혀 보이지 않으면, 마치 흑암 속에 갇힌 듯합니다. 큰 고난이 오랫동안 지속되면, 고난을 이겨 내기 어렵습니다. 이때는 사람이 전혀 도움이 되지 않습니다. 오직 하나님만 도우실 수 있습니다.

²³ 활쏘는 자가 그를 학대하며 적개심을 가지고 그를 쏘았으나 ²⁴ 요셉의 활은 도리어 굳세며 그의 팔은 힘이 있으니 이는 야곱의 전능자 이스라엘의 반석인 목자의 손을 힘입음이라 창 49:23-24

하나님은 전능하십니다. 이스라엘의 반석이시요 목자이십니다. 야곱은 자신이 살아오면서 경험한 하나님을 '야곱의 전능자'라고 표현했습니다. 야곱의 전능자 하나님은 이스라엘의 목자요 반석이고 요동하지 않는 바위십니다. 야곱의 전능자 하나님을 누가 이길 수 있겠습니까? 야곱의 전능자 하나님이 요셉을 돌보셨습니다.

요셉의 삶을 돌이켜 보면 곳곳에 공격하는 사람이 있었습니다. 형들은 요셉보다 강했습니다. 보디발의 아내 또한 요셉보다 강했습니다. 그들은 요셉을 넘어뜨리려고 했지만, 요셉은 넘어지지 않았습니다. 그들의 힘보다 더 강한 힘으로 말미암아 요셉은 넘어지지 않고 굳게 섰습니다. 요셉이 겪은 고난은 매우 험난했습니다. 요셉의 삶에는 불행한 일이 계속해서 일어났습니다. 요셉의 삶은 비극이었습니다. 그러나 요셉은 고난을 통해 하나님을 경험했습니다. 사방이 막힌 외길에서 하나님을 만났습니다. 하나님은 시련보다 더 큰 힘으로 시련을 이기게 하셨습니다.

네 아버지의 하나님께로 말미암나니 그가 너를 도우실 것이요 전능자로 말미암나니 그가 네게 복을 주실 것이라 위로 하늘의 복과 아래로 깊은 샘의 복과 젖먹이는 복과 태의 복이리로다 창 49:25

야곱이 표현한 '전능자'는 히브리어로 '엘 샤다이(El Shadai)'입니다. 전능하신 하나님이 너를 돌보시고 보살피실 것이라고 요셉을 축복했습니다. 야곱은 하나님을 지식적으로 아는 것이 아닙니다. 고난을 통해 하나님을 경험했습니다. 고난의 끝에서 하나님을 만났습니다. 야곱은 지금까지 살아오면서 죽음의 위험을 수없이 많이 경험했습니다. 그러나 전능하신 하나님이 야곱과 함께하셨기 때문에 지금까지 살 수 있었습니다.

고난은 누구든지 겪을 수 있습니다. 고난을 겪을 때, 우리는 오직 하나님을 의지해야 합니다. 전능자 하나님이 우리를 도와주실 것입니다. 그러므로 우리는 엘 샤다이, 전능자 하나님을 의지해야 합니다. 오직 하나님을 의지하며 살아갈 때, 우리는 믿음을 지키며 살아갈 수 있습니다.

네 아버지의 축복이 내 선조의 축복보다 나아서 영원한 산이 한 없음 같이 이 축복이 요셉의 머리로 돌아오며 그 형제 중 뛰어난 자의 정수리로 돌아오리로다 창 49:26

요셉을 향한 야곱의 축복입니다. "네 아버지의 축복이 내 선조의 축복보다 나아서"라는 말은 지금까지 받은 복보다 더 많은 복을 앞으로 받을 것이라는 의미입니다. 그리하여 요셉은 야곱의 열두 아들 중 가장 뛰어난 자가 되었습니다.

창세기는 복으로 시작하여 복으로 끝납니다. 그 복은 예수님을 통해 우리에게까지 이어지고 있습니다. 우리는 우리에게 주어진 복이 무엇인지 알아야 합니다. 예수님을 통해 우리에게 주어진 복은 요셉이 받은 복과 비교할 수 없습니다.

찬송하리로다 하나님 곧 우리 주 예수 그리스도의 아버지께서 그리스도 안에서 하늘에 속한 모든 신령한 복을 우리에게 주시되 엡 1:3

¹⁸ 너희 마음의 눈을 밝히사 그의 부르심의 소망이 무엇이며 성도 안에서 그 기업의 영광의 풍성함이 무엇이며 ¹⁹ 그의 힘의 위력으로 역사하심을 따라 믿는 우리에게 베푸신 능력의 지극히 크심이 어떠한 것을 너희로 알게 하시기를 구하노라 엡 1:18-19

에베소서는 바울이 에베소교회의 성도들에게 보낸 편지입니다. 성령께서 성도들의 영안을 열어 주셔서 자신들이 받은 복이 얼마나 큰가를 아는 것, 이것이 은혜입니다. 받은 복이 무엇인지 알 때, 우리는 감격할 수밖에 없습니다. 받은 복을 밝히 아는 자가 되기 바랍니다. 받은 복을 누리기 바랍니다. 그리고 이 복을 만민에게 전하기 바랍니다.

예수님이 우리를 위해 십자가에 못 박혀 죽으심으로 우리를 대신하여 저주를 받으셨습니다. 그러므로 이제 고난은 더 이상 저주가 아닙니다. 고난을 통해 진정으로 귀중한 것이 무엇인지 깨달을 수 있습니다. 고난을 통해 영원을 사모하게 됩니다.

영원을 사모하는 사람은 눈에 보이는 것을 주목하지 않습니다. 하나님의 나라를 주목합니다. 하나님의 나라를 바라봅니다. 고난을 통해 예수님을 경험할 수 있습니다. 예수님을 통해 생명을 경험할 수 있습니다. 예수님을 통해 생명을 경험하는 사람은 영원한 하나님의 나라를 바라봅니다. 그러므로 고난이 복입니다.

고난의 신비를 풀다

¹⁴요셉이 아버지를 장사한 후에 자기 형제와 호상꾼과 함께 애굽으로 돌아왔더라 ¹⁵ 요셉의 형제들이 그들의 아버지가 죽었음을 보고 말하되 요셉이 혹시 우리를 미워하여 우리가 그에게 행한 모든 악을 다 갚지나 아니할까 하고 ¹⁶ 요셉에게 말을 전하여 이르되 당신의 아버지가 돌아가시기 전에 명령하여 이르시기를 ¹⁷ 너희는 이같이 요셉에게 이르라 네 형들이 네게 악을 행하였을지라도 이제 바라건대 그들의 허물과 죄를 용서하라 하셨나니 당신 아버지의 하나님의 종들인 우리 죄를 이제 용서하소서 하매 요셉이 그들이 그에게 하는 말을 들을 때에 울었더라 ¹⁸ 그의 형들이 또 친히 와서 요셉의 앞에 엎드려 이르되 우리는 당신의 종들이니이다 ¹⁹ 요셉이 그들에게 이르되 두려워하지 마소서 내가 하나님을 대신하리이까 ²⁰ 당신들은 나를 해하려 하였으나 하나님은 그것을 선으로 바꾸사 오늘과 같이 많은 백성의 생명을 구원하게 하시려 하셨나니 ²¹ 당신들은 두려워하지 마소서 내가 당신들과 당신들의 자녀를 기르리이다 하고 그들을 간곡한 말로 위로하였더라 ²² 요셉이 그의 아버지의 가족과 함께 애굽에 거주하여 백십 세를 살며 ²³ 에브라임의 자손 삼대를 보았으며 므낫세의 아들 마길의 아들들도 요셉의 슬하에서 양육되었더라 ²⁴ 요셉이 그의 형제들에게 이르되 나는 죽을 것이나 하나님이 당신들을 돌보시고 당신들을 이 땅에서 인도하여 내사 아브라함과 이삭과 야곱에게 맹세하신 땅에 이르게 하시리라 하고 ²⁵ 요셉이 또 이스라엘 자손에게 맹세시켜 이르기를 하나님이 반드시 당신들을 돌보시리니 당신들은 여기서 내 해골을 메고 올라가겠다 하라 하였더라 ²⁶ 요셉이 백십 세에 죽으매 그들이 그의 몸에 향 재료를 넣고 애굽에서 입관하였더라

하나님은 고난 없는 삶을 약속하지 않으십니다. 고난을 겪지 않고 사는 법을 가르쳐 주지 않으십니다. 하나님의 아들이신 예수님이 우리를 대신하여 고난을 겪으셨습니다. 고통을 겪는 신을 생각할 수 있습니까?

십자가를 지시기 전, 예수님은 "내 아버지여, 만일 할 만하시거든 이 잔을 내게서 지나가게 하옵소서. 그러나 나의 원대로 마시옵고 아버지의 원대로 하옵소서"라고 기도하셨습니다 (마 26:39). 예수님도 고난을 피하고 싶어 하셨습니다. 그러나 예수님은 십자가를 받아들이셨습니다. 예수님은 십자가를 지심으로 아버지께 버림받으셨습니다.

십자가의 고난을 경험하신 예수님은 우리의 고난을 외면하지 않으십니다. 예수님은 고난을 겪는 우리에게 다가오십니다. 신앙은 십자가로부터 시작합니다. 우리는 십자가의 고통을 경험하신 예수님 앞에 무릎을 꿇었습니다.

예수님은 우리가 경험해야 할 고통을 우리 대신 경험하셨습니다. 하나님은 아들의 처절한 죽음을 견디셨습니다. 아무리 완악한 사람이라 할지라도 십자가의 고통을 경험하신 예수님을 만나면 부드러워질 수밖에 없습니다. 사람들은 고난과 어려움이 없으면 신앙생활을 잘할 수 있을 것이라고 생각합니다. 그것은 잘못된 생각입니다. 고난을 통해 신앙이 성장합니다. 고난을 경험하지 않은 사람은 신앙생활을 결코 잘할 수 없습니다.

고난으로 온전케 되는 믿음

⁸ 그가 아들이시면서도 받으신 고난으로 순종함을 배워서 ⁹ 온전하게 되셨은즉 자기에게 순종하는 모든 자에게 영원한 구원의 근원이 되시고 히 5:8-9

예수님은 고난을 통해 순종을 배워 온전하게 되셨습니다.

³⁶ 또 어떤 이들은 조롱과 채찍질뿐 아니라 결박과 옥에 갇히는 시련도 받았으며 ³⁷ 돌로 치는 것과 톱으로 켜는 것과 시험과 칼로 죽임을 당하고 양과 염소의 가죽을 입고 유리하여 궁핍과 환난과 학대를 받았으니 ³⁸ (이런 사람은 세상이 감당하지 못하느니라) 그들이 광야와 산과 동굴과 토굴에 유리하였느니라 히 11:36-38

이것은 믿음의 사람들이 믿음을 지키기 위해 실제로 경험한 것입니다. 오늘날에는 믿음을 지키기 위해 고난을 겪는 사람이 없습니다. 기독교 초기 역사를 살펴보면, 1세기의 그리스도인들은 예수님을 믿는 순간부터 고난을 겪었습니다. 환난, 시련, 핍박을 겪는 것이 그들의 일상이었습니다. 예수님을 믿는 것을 포기해야 고난을 피할 수 있었습니다. 그런데 핍박을 받을수록 기독교는 더욱 성장했습니다. 복음이 고난을 이기게 했습니다. 복음의 능력으로 말미암아 고난을 이길 수 있었습니다. 그들은 시

련이 있어도 자신의 뜻을 굽히지 않았습니다. 그들은 잡초와 같았습니다. 잡초는 밟을수록 더욱 강해집니다. 이처럼 신자는 온실의 화초가 아니라 잡초 같아야 합니다.

3세기에 기독교가 로마의 국교(國敎)가 되었습니다. 황제가 예수님을 믿었습니다. 믿는 사람이 더 많아졌습니다. 이때부터는 예수님을 믿는 것에 어려움이 없어졌습니다. 기독교인이 절대다수가 되었습니다. 예수님을 믿는 사람이 기득권자가 되었습니다.

그런데 이때부터 기독교는 쇠퇴했습니다. 핍박이 없어졌으니 예수님을 믿는 사람이 많아진 것은 사실입니다. 그리스도인이 되는 순간 혜택이 많이 주어지기도 했습니다. 그런데 4세기 데오도시우스 1세가 통치한 후, 사람들에게 강제로 예수님을 믿게 했습니다. 예수님을 믿지 않는 사람은 불이익을 당했습니다. 기독교 제국주의가 되었습니다. 기독교가 세속적 힘을 갖게 되었습니다. 얼핏 보면 기독교가 강력해진 듯했지만, 실제로는 기독교가 쇠퇴하기 시작했습니다.

고난이 사라지자, 신자들은 현세의 편안함에 금방 익숙해졌습니다. 영적 야성이 전혀 없었습니다. 오히려 영적으로 무기력해졌습니다. 신앙의 형식만 있을 뿐, 내용이 전혀 없었습니다. 명목상 그리스도인이 많아졌습니다.

중국에 문화대혁명이 일어났을 때, 기독교 말살 정책을 펴서 예수님을 믿는 사람들을 혹독하게 핍박했습니다. 수많은 사람이 감옥 생활을 했고, 그곳에서 죽었습니다. 그때 지하에서 예수님을 믿는 사람이 엄청나게 많았습니다. 핍박할수록 기독교는 더 확장되어 갔습니다. 그 이유가 무엇입니까? 십자가와 부활의 복음 때문입니다.

염려할 것이 전혀 없고 모든 것이 잘 된다면 예수님을 잘 믿을 것이라고 생각합니까? 그렇지 않습니다. 불을 통과한 금이 더 빛나듯, 고난을 경험한 후 믿음은 더욱 빛납니다. 고난으로 인해 믿음이 더욱 견고해집니다. 복음 때문입니다. 복음은 능력이 있습니다. 복음은 고난을 이기게 합니다.

완전한 용서

하나님은 요셉에게 고난을 허락하셨습니다. 요셉의 삶은 마음먹은 대로 되지 않았습니다. 그의 삶에는 시련이 계속되었습니다. 요셉은 자신을 노예로 팔아 버린 형들을 원망했을 것입니다. 보디발의 아내를 원망했을 것입니다. 자신을 잊은 술 맡은 관원장을 원망했을 것입니다. 그런데 하나님은 요셉에게 고난을 겪게 하심으로 그를 하나님의 사람이 되게 하셨습니다. 그리고 요셉을 통해 하나님의 뜻을 이루셨습니다.

¹⁴ 요셉이 아버지를 장사한 후에 자기 형제와 호상꾼과 함께 애굽으로 돌아왔더라 ¹⁵ 요셉의 형제들이 그들의 아버지가 죽었음을 보고 말하되 요셉이 혹시 우리를 미워하여 우리가 그에게 행한 모든 악을 다 갚지나 아니할까 하고 창 50:14-15

야곱이 죽고 장사를 지냈습니다. 이후, 형들은 겁이 났습니다. 요셉이 보복하지 않을까 두려웠습니다. 형들은 아버지가 돌아가시기 전에 말씀하신 것이라고 하며 요셉에게 "바라건대 그들의 허물과 죄를 용서하라 하셨나니 당신 아버지의 하나님의 종들인 우리 죄를 이제 용서하소서"라고 말했습니다(창 50:17). 정말 야곱이 한 말인지 알 수 없지만, 이를 통해 형들이 두려워하고 있다는 것을 알 수 있습니다. 게다가 형들이 요셉 앞에 엎드려 "우리는 당신의 종들이니이다"라고 고백합니다(창 50:18). 요셉은 형들을 이미 용서했습니다. 그런데 형들은 그것을 믿지 않았습니다. 이것이 죄의 후유증입니다. 형들은 요셉에게 다시 용서를 구했습니다. 요셉은 형들을 다시 용서했습니다.

용서를 구하고 용서하는 모습은 참 아름답습니다. 이를 통해 관계가 완전히 회복됩니다. 이것이 진정한 회복입니다. 피해자는 용서하는 것이 쉽지 않습니다. 그런데 피해자가 용서하지 못하고 상처를 마음에 품고 있으면 많은 어려움이 생깁니다.

¹⁹ 요셉이 그들에게 이르되 두려워하지 마소서 내가 하나님을 대신

하리이까 [20] 당신들은 나를 해하려 하였으나 하나님은 그것을 선으로 바꾸사 오늘과 같이 많은 백성의 생명을 구원하게 하시려 하셨나니 창 50:19-20

요셉은 형들을 온전히 용서했습니다. 요셉이 형들에게 한 말에는 그의 신앙 철학이 담겨 있습니다. 요셉은 형들이 자신을 해치려 한 것을 부정하지 않았습니다. 그러나 요셉은 형들을 심판하려 하지 않았습니다. 요셉은 형들이 자신을 해하려 한 것은 알지만, 형들이 한 일에 대해 왈가왈부하지 않았습니다.

상대가 나에게 잘못했습니다. 그러나 그 결과가 어떠할지는 알 수 없습니다. 그것이 훗날 나에게 도움이 될지 손해가 될지 알 수 없습니다. 상대는 나에게 손해를 입혔으나, 시간이 흐른 후에 그것이 유익이 될 때가 있습니다. 그러므로 내가 받은 상처만 생각해서는 안 됩니다.

사울 왕은 다윗을 죽이려고 했습니다. 다윗은 사울 왕을 피해 도망쳤습니다. 살기 위해 도망쳤습니다. 다윗에게 엔게디 광야에서 사울 왕을 죽일 기회가 찾아왔습니다. 그러나 다윗은 그 기회를 잡지 않았습니다. 사울 왕을 해치지 않았습니다. 다윗은 자신이 사울을 심판하려 하지 않았습니다.

무슨 일이든 성급하게 판단해서는 안 됩니다. 쉽게 결론 내려서는 안 됩니다. 사람을 심판하려고 해서는 안 됩니다. 항상 여유가 있어야 합니다. 이후에 하나님이 어떻게 하실까를 생각해야 합니다. 하나님께 모든 것을 맡겨야 합니다.

형들이 자신에게 해를 입힌 것을 생각하면, 요셉은 형들을 용서하기 어려웠을 것입니다. 아버지께서 돌아가셨으니 이제 형들에게 책임을 물었을 것입니다. 만약 요셉이 형들에게 그렇게 했다면, 이야기가 이상해졌을 것입니다. 그러나 요셉은 형들을 심판하려 하지 않았습니다.

지금 요셉은 애굽의 총리입니다. 애굽에서 권력의 중심에 있습니다. 마음만 먹으면 무엇이든 할 수 있습니다. 그럼에도 요셉은 "내가 하나님을 대신하리이까"라고 말했습니다. 이것은 '나는 하나님이 아니다'라는 의미입니다.

어떤 경우에도 내가 하나님이 되려고 해서는 안 됩니다. 내가 하나님이 되면, 모든 것을 망쳐 버립니다. 사람은 올바르게 심판할 수 없습니다. 객관적으로 심판할 수 없습니다. 그러므로 사람이 심판하려고 해서는 안 됩니다. 하나님이 모든 것을 하십니다.

사람은 죄인입니다. 죄인은 정확하게 판단할 수 없습니다. 그러므로 죄인은 죄인을 심판할 수 없습니다. 죄가 없으신 하나님만 올바르게 심판하실 수 있습니다. 하나님만 의로우십니다. 모든 것을 하나님께 맡겨야 합니다.

예수님은 의로우신 재판장이십니다. 그럼에도 예수님은 사람에게 재판받으시고 십자가에 못 박혀 죽으셨습니다. 예수님은 십자가에 못 박혀 죽으심으로 죄인을 구원하셨습니다. 이것이 하나님의 공의입니다. 하나님은 십자가를 통해 공의와 사랑을 행하셨습니다.

하나님은 우리가 범한 죄를 모두 용서하셨습니다. 하나님의 용서를 받은 사람은 다른 사람을 용서할 수 있습니다. 하나님의 용서를 받은 것, 이것이 은혜입니다. 하나님의 용서가 우리를 자유롭게 합니다.

요셉은 형들을 용서했습니다. 그는 자신이 하나님이 되려 하지 않았습니다. 모든 것을 하나님께 맡겼습니다. 우리가 하나님이 되려고 해서는 안 됩니다. 우리는 하나님이 될 수 없습니다. 그러므로 하나님께 모든 것을 맡겨야 합니다. 하나님께 맡길 때에는 확실하게 맡겨야 합니다.

하나님이 선으로 바꾸사

요셉은 형들이 자신에게 해를 끼칠 수 없다는 것을 깨달았습니다. 그래서 형들을 원망하지 않았습니다. 요셉은 형들에 의해 자신의 삶이 달라진 것이 아니라, 하나님이 자신의 삶을 인도하셨다고 생각했습니다.

요셉은 하나님이 자신에게 행하신 일에 주목했습니다. 이처럼 무엇을 주목하는가가 중요합니다. 그에 따라 삶이 달라집니다. 우리는 이러한 관점으로 우리의 삶을 해석해야 합니다. 사람이 우리의 삶에 영향을 끼칠 수 없습니다. 사람은 역사를 바꿀 수 없습니다. 사람이 하는 일은 사람의 일에 불과합니다.

1세기의 로마 황제가 세상을 변화시킨 것이 아닙니다. 복음으로 인해 세상이 변화했습니다. 예수님의 복음으로 말미암아 노예제도가 사라졌습니다. 지금도 마찬가지입니다. 정치인이 세상을 변화시키는 것이 아닙니다. 복음으로 말미암아 변화한 사람이 이 세상을 변화시킬 수 있습니다. 하나님이 세상을 변화시키십니다. 지금 고난 가운데 있습니까? 영적으로 무장하기에 좋은 때입니다. 그러므로 하나님께 감사하기 바랍니다.

요즘 기독교에 대한 사람들의 생각이 별로 좋지 않습니다. 그러나 이때가 교회에게 기회가 될 수 있습니다. 이때 교회는 영적으로 더욱 무장해야 합니다.

> 8 이는 내 생각이 너희의 생각과 다르며 내 길은 너희의 길과 다름이니라 여호와의 말씀이니라 9 이는 하늘이 땅보다 높음 같이 내 길은 너희의 길보다 높으며 내 생각은 너희의 생각보다 높음이니라 사 55:8-9

하나님의 생각과 우리의 생각은 다릅니다. 우리는 하나님의 생각을 알 수 없습니다. 요셉은 "하나님은 그것을 선으로 바꾸사"라고 말합니다(창 50:20). 하나님은 우리의 삶에 선을 행하십니다. 처음에는 하나님이 선을 행하시는 것을 알 수 없습니다. 그러나 시간이 지남에 따라 하나님이 일하시는 것을 깨닫습니다. 하나님이 일하시는 것을 깨닫는 것이 믿음입니다.

우리가 알거니와 하나님을 사랑하는 자 곧 그의 뜻대로 부르심을 입은 자들에게는 모든 것이 합력하여 선을 이루느니라 롬 8:28

하나님은 모든 것을 합력하여 선을 이루십니다. 하나님은 인간의 연약함까지도 선으로 바꾸셔서 우리 삶을 이끄십니다. 우리의 삶을 아름답게 하십니다.

마음먹은 대로 되지 않을 때는 기다려야 합니다. 하나님의 때가 아니기 때문에 안 되는 것입니다. 그때는 무언가를 하려고 하기보다 하나님의 약속을 믿어야 합니다. 최선의 때에 하나님이 일하실 것을 기다려야 합니다. 기다려야 할 때에 기다리지 못하면 일을 그르칩니다.

요셉은 하나님의 절대주권을 인정했습니다. 이런 사람은 시야가 넓습니다. 하나님의 절대주권을 인정할 때, 새로운 관점으로 사건을 해석할 수 있습니다. 그러므로 우리는 오직 하나님의 절대주권을 인정하고 하나님을 신뢰해야 합니다. 그럴 때, 모든 것이 합력하여 선을 이루게 하시는 하나님을 경험할 수 있습니다.

하나님의 절대주권을 믿는 사람은 하나님이 일하시는 것을 믿습니다. 모든 것이 하나님의 뜻대로 된다는 것을 믿습니다. 그러므로 하나님의 절대주권을 믿고 하나님을 신뢰하는 사람은 관대합니다. 여유가 있습니다. 마음이 평안합니다.

살면서 상처를 받을 때가 있습니다. 상처를 받으면, 마음이 좁아집니다. 마음이 좁아지면 자신도 힘들고 주변 사람도 힘들게 합니다. 사소한 일에도 상처를 받습니다. 이유가 어떠하든 상처받는 것은 손해입니다. 상처는 삶에 부정적인 영향을 끼칩니다. 상처받은 사람은 자신의 상처를 주목합니다.

하나님은 요셉이 고난을 겪지 않도록 하실 수 있었습니다. 아브라함이 애굽에 갔을 때, 아브라함은 사라를 누이라고 했습니다. 그래서 바로는 사라를 그의 궁으로 이끌어 들였습니다. 이 일로 인해 하나님은 바로와 그의 집에 재앙을 내리셨습니다. 놀란 바로는 사라를 아브라함에게 돌려주었습니다. 이처럼 하나님은 얼마든지 요셉을 보호해 주실 수 있었습니다.

그러나 하나님은 요셉에게 고난을 허락하셨습니다. 요셉을 고난 가운데 내버려두셨습니다. 하나님은 하나님의 아들이 진 십자가마저도 막지 않으셨습니다. 만약 십자가의 고난이 없었다면 구원의 역사 또한 이루어질 수 없었습니다. 십자가는 피하고 싶지만 피할 수 없는 일이었습니다.

하나님은 요셉이 겪은 고난을 통해 선을 이루셨습니다. 그가 당한 고난은 하나님이 요셉을 통해 선을 이루시기 위한 재료들이었습니다. 요셉은 노예로 끌려가고 싶어서 애굽으로 간 것이 아닙니다. 그러나 바로의 떡 굽는 관원장과 술 맡은 관원장을 만나려면, 요셉은 감옥에 들어가야 했습니다. 감옥에서 요셉이 그들의 꿈을 해석해 주지 않았다면, 요셉의 삶에 아무 일도 일어나지 않았을 것입니다.

요셉이 고난을 겪을 때에는 그의 삶이 험난해 보였습니다. 그러나 돌이켜 보면, 모든 것이 딱 맞아떨어집니다. 하나님이 이렇게 하셨습니다. 하나님이 모든 일을 행하셨습니다. 이처럼 하나님은 정교하십니다. 완전하십니다.

하나님은 모든 것이 합력하여 선을 이루게 하십니다. 하나님은 하나님의 목적을 반드시 성취하십니다. 사람의 악함이나 실수에 아무런 방해를 받지 않으십니다. 오히려 그 모든 것이 합력하여 선을 이루게 하십니다. 오늘 우리에게 일어나는 일들로 인하여 일희일비하지 않을 이유가 바로 이것입니다. 하나님은 실수하시지 않으시며, 계획한 대로 반드시 이루십니다. 우리는 이것을 믿어야 합니다.

이 땅은 그림자일 뿐

요셉은 형제들에게 유언했습니다. 하나님이 약속하신 땅으로 갈 때, 자신의 유골을 메고 올라가라고 했습니다(창 50:24-25).
요셉은 하나님이 약속하신 땅에 대한 믿음을 드러냈습니다. 출
애굽 할 것을 기대했습니다.

그리고 요셉이 백십 세에 죽었습니다. 한 인생의 마지막입
니다. 죽음을 앞둔 요셉은 지나온 세월을 원망하거나 후회하거
나 분노하지 않았습니다. 그는 자신의 상처에 주목하지 않고 하
나님의 선한 목적을 바라보았습니다. 하나님의 언약이 성취될
것을 기대했습니다. 요셉의 관은 가나안을 향해 있습니다.

우리는 이 땅에서 사는 동안 많은 일을 경험합니다. 우리는
이 땅에 잠시 머무는 나그네입니다. 영원히 정착하지 않습니다.
기독교 변증학자 C.S.루이스(C.S.Lewis)는 "이 땅은 그림자 땅이다"
라고 말했습니다. 이 땅에서 사는 것이 아무리 좋아도, 여기엔
어두움이 있습니다. 아무리 즐겁게 살아도, 그 가운데 애잔함이
있습니다. 좋은 것만 누리며 살다 보면, 어느 순간 권태를 느낍
니다. 이 세상이 전부가 아닙니다. 만약 이 세상이 전부라면, 인
생은 비극입니다. 그리스도인에게 죽음은 새로운 시작을 의미
합니다. 우리는 천국에 영원히 거할 것입니다. 고난의 신비가 풀
리면 이 땅이 우리의 정착지가 아니라는 사실이 선명해집니다.
고난을 통해 천국을 바라보는 눈이 활짝 열립니다.

¹ 또 내가 새 하늘과 새 땅을 보니 처음 하늘과 처음 땅이 없어졌고 바
다도 다시 있지 않더라 ² 또 내가 보매 거룩한 성 새 예루살렘이 하나

님께로부터 하늘에서 내려오니 그 준비한 것이 신부가 남편을 위하여 단장한 것 같더라 ³ 내가 들으니 보좌에서 큰 음성이 나서 이르되 보라 하나님의 장막이 사람들과 함께 있으매 하나님이 그들과 함께 계시리니 그들은 하나님의 백성이 되고 하나님은 친히 그들과 함께 계셔서 ⁴ 모든 눈물을 그 눈에서 닦아 주시니 다시는 사망이 없고 애통하는 것이나 곡하는 것이나 아픈 것이 다시 있지 아니하리니 처음 것들이 다 지나갔음이러라 계 21:1-4

잃어버린 것을 완전하게 회복하는 곳이 바로 천국입니다. 그러므로 천국을 주목하기 바랍니다. 천국을 향한 시선이 흔들리면 안 됩니다. 지금은 해산을 앞둔 여인처럼 산통을 하고 있는 때입니다. 해산의 때를 바라보며 인내해야 합니다.

¹⁶ 그러므로 우리가 낙심하지 아니하노니 우리의 겉사람은 낡아지나 우리의 속사람은 날로 새로워지도다 ¹⁷ 우리가 잠시 받는 환난의 경한 것이 지극히 크고 영원한 영광의 중한 것을 우리에게 이루게 함이니 18 우리가 주목하는 것은 보이는 것이 아니요 보이지 않는 것이니 보이는 것은 잠깐이요 보이지 않는 것은 영원함이라 고후 4:16-18

우리의 인생은 짧습니다. 천국은 멀리 있지 않습니다. 이 세상의 모든 것에서 손을 떼야 하는 때가 옵니다. 성도의 죽음이 복된 이유는 천국이 있기 때문입니다. 천국이 있기 때문에 고난으로 가득한 성도의 삶도 복됩니다. 천국이 답입니다. 이것이 바로 고난을 이겨낼 이유입니다. 천국에 대한 확실한 믿음을 가지고 산다면, 이 세상이 전부가 아니라는 사실을 믿는다면, 오늘의 고난을 이겨내고도 남습니다. 천국을 바라보며 살아가기 바랍니다. 천국을 사모하기 바랍니다.

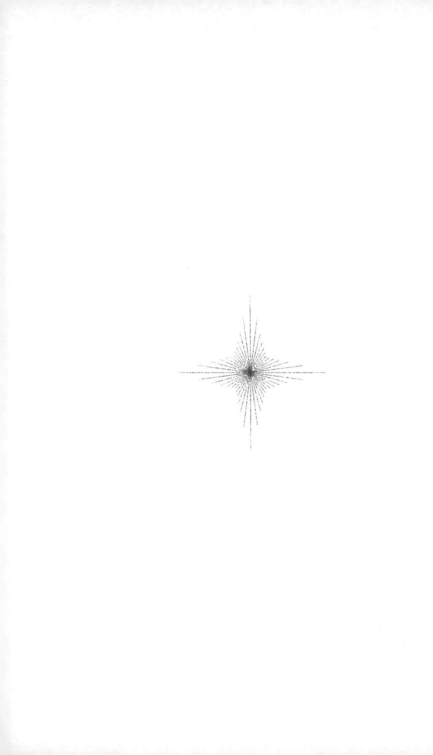